AF330747

LE MANUEL

DES

ENFANTS ET DES ADOLESCENTS.

(*La suite page 278.*)

LE MANUEL

DES

ENFANTS ET DES ADOLESCENTS;

OUVRAGE contenant des principes de Lecture (française et latine), de Religion, de Morale, de Botanique, de Mythologie, de Grammaire, d'Histoire (ancienne et moderne), de Géographie, d'Arithmétique ; et destiné aux Maisons d'Éducation des deux sexes ;

PAR J. E. J. F. BOINVILLIERS,

CORRESPONDANT DE L'INSTITUT ROYAL DE FRANCE, etc. etc.

SIXIÈME ÉDITION.

Quand on lit que Caton le Censeur, qui gouverna Rome avec tant de gloire, éleva lui-même son fils dès le berceau, et qu'Auguste, maître du monde, enseignait lui-même à ses petits-fils à lire et à écrire, on ne peut s'empêcher de rire des petites bonnes gens de ce temps-là, qui s'amusaient à de pareilles niaiseries, trop bornés sans doute pour savoir vaquer aux grandes affaires des grands hommes de nos jours.

J. J. ROUSSEAU.

PARIS,

DE L'IMPRIMERIE D'AUGUSTE DELALAIN,

Libraire-Editeur, rue des Mathurins St.-Jacques, N°. 5.

1823.

PRÉFACE.

Un fils m'était né depuis dix-huit mois, et je formais des vœux ardents pour la conservation de ses jours. Mes vœux furent exaucés ; et le Ciel permit que mon fils crût, et manifestât avec l'âge d'heureuses dispositions. Bientôt je songeai à cultiver son esprit, et à éclairer moi-même sa raison naissante. « Qu'il est heureux, me « disais-je, qu'il est digne d'envie le sort « des pères qui peuvent consacrer seuls « tous leurs soins à l'instruction de leurs « enfants ! Je veux que mon jeune fils me « doive surtout les connaissances pre- « mières qu'il lui faut acquérir ; » (1) et je rédigeai aussitôt ce petit Ouvrage, qui, publié à la sollicitation de quelques pères de famille, fut adopté par un très grand nombre de pensionnats et de couvents. Le prompt débit qui s'est fait des cinq éditions que j'en ai données, m'a prouvé qu'il a été véritablement utile. Je l'offre de nouveau aux parents jaloux

____

(1) Il est maintenant docteur en médecine de la Faculté de Paris, et en résidence à Rio-Janéiro.

de l'instruction de leurs enfants, à toutes les personnes chargées de l'éducation de la Jeunesse, aux excellentes mères de famille; et je me flatte que la marche simple et graduée que j'y ai suivie, la division que j'en ai faite en deux parties, les principes de Religion et de Morale que j'y ai répandus, les Traits d'Histoire que j'y ai semés, les augmentations en tout genre dont je l'ai enrichi, le feront accueillir non moins favorablement aujourd'hui qu'à l'époque de sa première publication. Voici le jugement qu'en porta, huit ans après, dans sa *Bibliothèque française*, Charles POUGENS, mon estimable et savant confrère : « L'Ouvrage de M. Boinvilliers peut « être considéré comme la véritable Encyclopédie de la Jeunesse; ceux qui « l'examineront avec soin, prononceront « sans peine qu'il s'est acquis un triple « droit à la reconnaissance des pères de » famille, des Maîtres et des Enfants. »

PREMIÈRE PARTIE.

La Religion chrétienne est la seule qui ait des preuves.

FONTENELLE.

Les faits de Jésus-Christ sont plus attestés que ceux de Socrate.

J. J. ROUSSEAU.

La terre serait un paradis, si la Religion chrétienne y était observée.

DE ST.-PIERRE.

LE MANUEL

DES

ENFANTS ET DES ADOLESCENTS.

PRINCIPES DE LECTURE

FRANÇAISE.

On compte en français vingt-cinq lettres, qui sont :

LETTRES
MAJUSCULES.
$\left\{\begin{array}{l} \text{A B C D E F G H} \\ \text{I J K L M N O P Q} \\ \text{R S T U V X Y Z.} \end{array}\right.$

ITALIQUES.
$\left\{\begin{array}{l} \textit{A B C D E F G H} \\ \textit{I J K L M N O P Q} \\ \textit{R S T U V X Y Z.} \end{array}\right.$

Lettres
minuscules.
$\left\{\begin{array}{l} \text{a b c d e f g h i j k} \\ \text{l m n o p q r s (} \textit{ou} \text{ ſ)} \\ \text{t u v x y z.} \end{array}\right.$

Italiques.
$\left\{\begin{array}{l} \textit{a b c d e f g h i j k} \\ \textit{l m n o p q r s} \text{ (ou } \textit{ſ} \text{)} \\ \textit{t u v x y z.} \end{array}\right.$

1

Lettres doubles et triples. { æ ſt & ff fi fl ffi ffl / œ ſſ ſi ſl ſſi ſt w.

Italiques. { æ ſt & ff fi fl ffi ffl / œ ſſ ſiſl ſſi ſt-w.

DIVISION DES LETTRES.

Les lettres se divisent en voyelles et en consonnes.

Les voyelles sont : a, e, i, o, u, y.

Les consonnes sont : { b, c, d, f, g, h, j, / k, l, m, n, p, q, r, / s (ou ſ), t, v, x, z.

Les voyelles et les consonnes réunies forment un total de vingt-cinq lettres dont se compose l'alphabet français.

Les lettres forment les syllabes, et les syllabes composent les mots.

SYLLABES.

ba	be	bi	bo	bu
ca	ce	ci	co	cu
da	de	di	do	du
fa	fe	fi	fo	fu
ga	ge	gi	go	gu
ha	he	hi	ho	hu
ja	je	ji	jo	ju
ka	ke	ki	ko	ku
la	le	li	lo	lu
ma	me	mi	mo	mu
na	ne	ni	no	nu
pa	pé	pi	po	pu
qua	que	qui	quo	quu
ra	re	ri	ro	ru
sa	se	si	so	su
ta	te	ti	to	tu
va	ve	vi	vo	vu
xa	xe	xi	xo	xu
za	ze	zi	zo	zu

SYLLABES.

ab	eb	ib	ob	ub
ac	ec	ic	oc	uc
ad	ed	id	od	ud
af	ef	if	of	uf
ag	eg	ig	og	ug
al	el	il	ol	ul
am	em	im	om	um
an	en	in	on	un
ap	ep	ip	op	up
ar	er	ir	or	ur
as	es	is	os	us
at	et	it	ot	ut
ax	ex	ix	ox	ux

SYLLABES.

bla	ble	bli	blo	blu
bra	bre	bri	bro	bru
cha	che	chi	cho	chu
chra	chre	chri	chro	chru
cra	cre	cri	cro	cru
dra	dre	dri	dro	dru
fla	fle	fli	flo	flu
fra	fre	fri	fro	fru
gla	gle	gli	glo	glu
gna	gne	gni	gno	gnu
gra	gre	gri	gro	gru
gua	gue	gui	guo	guu
pha	phe	phi	pho	phu
phra	phre	phri	phro	phru
pla	ple	pli	plo	plu
pra	pre	pri	pro	pru
spa	spe	spi	spo	spu
tra	tre	tri	tro	tru

ACCENTS, etc.

Il y a trois sortes d'accents : l'accent aigu (´), l'accent grave (`), et l'accent circonflexe (^)

Syllabes où la voyelle e est accentuée.

Bé, cé, dé, fé, gé, hé, jé, lé, mé, né, pé, qué, ré, sé, té, vé, xé, zé. — blé, bré. — ché, chré, cré. — dré. — flé, fré. — glé, gré, gué. — phé, phré, plé, pré. — spé. — tré.
Dès, grès, près, très.
Fê, guê, hê, mê, prê, trê.

Cédille.

La cédille est ce petit signe (¸) qu'on met sous le *c*, pour en adoucir le son devant *a*, *o*, *u*. Exemples :

ça,   ço,   çu.

Apostrophe.

L'apostrophe est ce petit signe (') qui, placé entre deux mots, annonce la suppression d'une voyelle. Exemple : l'ami, pour le ami.

Signes de ponctuation.

Voici les signes de ponctuation, qui sont en usage :
Virgule (,) — point et virgule (;) — deux points (:) — point (.) — point d'interrogation (?) — point d'exclamation (!)

RELIGION.

La Re-li-gi-on est le cul-te que nous ren-dons à Di-eu de la ma-ni-è-re que nous ju-geons la plus a-gré-a-ble à sa Ma-jes-té di-vi-ne, et la plus pro-pre à at-ti-rer sur nous ses bi-en-faits et ses bé-né-dic-ti-ons. Sans la Re-li-gi-on, il n'y a ni jus-ti-ce, ni tran-quil-li-té, ni con-so-la-ti-on, ni bon-heur à es-pé-rer sur la ter-re. Sans l'ac-com-plis-se-ment des dé-voirs qu'el-le im-po-se, on ne peut es-pé-rer de jou-ir de la fé-li-ci-té é-ter-nel-le.

Di-eu est un ê-tre é-ter-nel, in-dé-pen-dant, im-mu-a-ble, in-fi-ni, qui est pré-sent par-tout, qui voit tout, qui peut tout, qui a cré-é tou-tes les cho-ses d'i-ci-bas, et qui les gou-ver-ne tou-tes.

Il n'y a pas u-ne na-ti-on, quel-que bar-ba-re qu'el-le soit, qui ne re-con-nais-se l'ex-is-ten-ce d'un Di-eu, et qui, en lui ren-dant les hom-ma-ges qui lui sont dûs, n'in-vo-que en tout temps, en tout li-eu, son as-sis-tan-ce et ses bi-en-faits. La pri-è-re est un des de-voirs les plus in-dis-pen-sa-bles de no-tre Re-li-gi-on. Nous de-vons pri-er sou-vent, et le fai-re a-vec u-ne ex-trê-me dé-vo-ti-on. Di-eu lui-mê-me nous

en a fait un pré-cep-te, et nous ne pou-vons y
man-quer, sans nous ren-dre cou-pa-bles en-
vers sa Ma-jes-té a-do-ra-ble. Un vrai Chré-ti-en
pri-e le ma-tin, en se le-vant ; il pri-e a-vant et
a-près les re-pas, et le soir, en se cou-chant.
Ri-en ne peut l'af-fran-chir de ce de-voir ri-
gou-reux et sa-cré. Les dis-po-si-ti-ons a-vec les-
quel-les il a cou-tu-me de pri-er Di-eu sont *l'at-*
ten-ti-on, la *con-fi-an-ce,* *l'in-ten-ti-on pu-re* et
la *per-sé-vé-ran-ce.* Il pri-e a-vec at-ten-ti-on,
par-ce qu'il pen-se à ce qu'il dit, et qu'il pri-e
de cœur en mê-me temps que de bou-che. Il
pri-e a-vec con-fi-an-ce, par-ce qu'il est cer-tain
que Di-eu, eu é-gard à sa mi-sé-ri-cor-de in-fi-
ni-e, é-cou-te les vœux que lui a-dres-se un
cœur vrai-ment re-li-gi-eux. Il pri-e a-vec u-ne
in-ten-ti-on pu-re, par-ce qu'il rap-por-te tou-
tes ses pri-è-res à la gloi-re de Di-eu et à son
pro-pre sa-lut. En-fin, il pri-e a-vec per-sé-vé-
ran-ce, c'est-à-di-re qu'il ne se las-se pas d'in-vo-
quer les se-cours de son Di-eu, et sa mi-sé-
ri-cor-de i-né-pui-sa-ble.

PRIÈRES.

Pri-è-res du ma-tin.

Au nom du Pè-re, et du Fils, et du Saint-Es-prit. Ain-si soit-il.

Mon Di-eu, je vous don-ne mon cœur, pre-nez le, s'il vous plaît, a-fin qu'au-cu-ne cré-a-tu-re ne puis-se le pos-sé-der que vous seul. Mon Di-eu, con-ser-vez la san-té à tous mes pa-rents et a-mis, et ré-pan-dez sur eux, je vous pri-e, vo-tre sain-te bé-né-dic-ti-on.

O-rai-son Do-mi-ni-ca-le.

No-tre Pè-re, qui ê-tes aux Ci-eux, que vo-tre nom soit sanc-ti-fi-é ; que vo-tre rè-gne ar-ri-ve ; que vo-tre vo-lon-té soit fai-te sur la ter-re com-me dans le Ci-el ; don-nez nous au-jour-d'hui no-tre pain quo-ti-di-en ; par-don-nez nous nos of-fen-ses com-me nous par-don-nons nous-mê-mes à ceux qui nous ont of-fen-sés ; et ne nous lais-sez pas suc-com-ber à la ten-ta-ti-on ; mais dé-li-vrez nous du mal. Ain-si soit-il.

* 1

Sa-lu-ta-ti-on An-gé-li-que.

JE vous sa-lu-e, Ma-ri-e, plei-ne de grâ-ce; le Sei-gneur est a-vec vous; vous ê-tes bé-ni-e en-tre tou-tes les fem-mes, et Jé-sus, le fruit de vos en-trail-les, est bé-ni. Sain-te Ma-ri-e, mè-re de Di-eu, pri-ez pour nous, pau-vres pé-cheurs, main-te-nant et à l'heu-re de no-tre mort. Ain-si soit-il.

Sym-bo-le des A-pô-tres.

JE crois en Di-eu, le Pè-re tout-puis-sant, Cré-a-teur du Ci-el et de la ter-re, et en Jé-sus Christ son fils u-ni-que no-tre Sei-gneur, qui a é-té con-çu du Saint-Es-prit, est né de la Vi-er-ge Ma-ri-e, a souf-fert sous Pon-ce Pi-la-te, a é-té cru-ci-fi-é, est mort, a é-té en-se-ve-li, est des-cen-du aux en-fers, le troi-si-è-me jour est res-sus-ci-té des morts, est mon-té aux Ci-eux, est as-sis à la droi-te de Di-eu, le Pè-re tout-puis-sant, d'où il vi-en-dra ju-ger les vi-vants et les morts.

Je crois au Saint-Es-prit, à la sain-te É-gli-se ca-tho-li-que, à la Com-mu-ni-on des Saints, à la ré-mis-si-on des pé-chés, à la ré-sur-rec-ti-on de la chair, à la vi-e é-ter-nel-le. Ain-si soit-il.

Mon Di-eu, je vous ai-me et vous a-do-re, par-
ce que vous ê-tes mon pè-re et mon bi-en-fai-
teur, mon ju-ge sou-ve-rain et mon maî-tre. Je
vous de-man-de la grâ-ce de pas-ser heu-reu-se-
ment cet-te jour-né-e, c'est-à-di-re de ne vous
y point of-fen-ser, et de l'em-ploy-er u-ti-le-
ment pour les au-tres et pour moi. Je ne puis
ri-en sans vo-tre se-cours, je vous le de-man-de,
ô mon Di-eu. Bé-nis-sez moi, je vous pri-e,
bé-nis-sez tous mes pa-rents, mes a-mis, mes
ins-ti-tu-teurs, tous ceux qui ont soin de moi,
et mê-me ceux qui me veu-lent du mal. Don-
nez nous à tous la san-té du corps et cel-le de
l'â-me. Pro-cu-rez à no-tre Roy-au-me l'a-bon-
dan-ce et la paix; don-nez à ceux qui nous
gou-ver-nent, la sa-ges-se et le bon-heur; en-
fin, je vous pri-e, ô mon Di-eu, pour le bi-en-
ê-tre des hom-mes que ren-fer-me le mon-de
en-ti-er, par-ce que je dois les ai-mer tous
et les re-gar-der com-me mes frè-res, puis-que
vous ê-tes leur pè-re et leur cré-a-teur.

Au nom du Pè-re, et du Fils, et du Saint-
Es-prit. Ain-si soit-il.

Pri-è-re a-vant les re-pas.

Au nom du Pè-re, et du Fils, et du Saint-Es-prit. Ain-si soit-il.

Mon Di-eu, je vous re-mer-ci-e de la nour-ri-tu-re que vous nous don-nez. Je vous de-man-de la grâ-ce d'en u-ser tou-jours a-vec so-bri-é-té, et de ne ja-mais me li-vrer aux vi-ces de la gour-man-di-se et de l'in-tem-pé-ran-ce.

Au nom du Pè-re, et du Fils, et du Saint-Es-prit. Ain-si soit-il.

Pri-è-re a-près les re-pas.

Au nom du Pè-re, et du Fils, et du Saint-Es-prit. Ain-si soit-il·

Je vous re-mer-ci-e, ô mon Di-eu, de la nour-ri-tu-re que vous nous a-vez don-né-e. Fai-tes, s'il vous plaît, qu'el-le nous soit sa-lu-tai-re, que nous n'en man-qui-ons ja-mais dans cet-te vi-e, et que nous soy-ons tou-jours re-con-nais-sants de vos dons et de vos bi-en-faits.

Au nom du Pè-re, et du Fils, et du Saint-Es-prit. Ain-si soit-il.

Pri-è-res du soir.

Au nom du Pè-re, et du Fils, et du Saint-Es-prit. Ain-si soit-il.

Con-fes-si-on des pé-chés.

Je con-fes-se à Di-eu tout-puis-sant, à la bi-en-heu-reu-se Ma-ri-e, tou-jours Vi-er-ge, à saint Mi-chel, ar-chan-ge, à saint Jean Bap-tis-te, aux a-pô-tres saint Pi-er-re et saint Paul, à tous les saints, et à vous, mon pè-re, que j'ai beau-coup pé-ché par pen-sé-es, par pa-ro-les et par ac-ti-ons : c'est ma fau-te, c'est ma fau-te, c'est ma très gran-de fau-te. C'est pour-quoi je sup-pli-e la bi-en-heu-reu-se Ma-ri-e, tou-jours Vi-er-ge, saint Mi-chel, ar-chan-ge, saint Jean Bap-tis-te, les a-pô-tres saint Pi-er-re et saint Paul, tous les saints, et vous, mon pè-re, de pri-er pour moi le Sei-gneur no-tre Di-eu.

Que le Di-eu tout-puis-sant nous fas-se mi-sé-ri-cor-de, et qu'a-près nous a-voir par-don-né nos pé-chés, il nous con-dui-se à la vi-e é-ter-nel-le. Ain-si soit-il.

Ac-te de con-tri-ti-on.

Mon Di-eu, j'ai u-ne ex-trê-me dou-leur de
vous a-voir of-fen-sé, par-ce que vous ê-tes in-fi-
ni-ment bon, in-fi-ni-ment ai-ma-ble, et que le
pé-ché vous dé-plaît; je fais un fer-me pro-pos,
moy-en-nant vo-tre sain-te grâ-ce, de ne plus
vous of-fen-ser, et de fai-re pé-ni-ten-ce.

Ac-ti-on de grâ-ces.

Mon Di-eu, je vous re-mer-ci-e de tou-tes les
grâ-ces que j'ai re-çu-es de vous dans le cours de
cet-te jour-né-e. Don-nez nous, s'il vous plaît,
pour cet-te nuit, un som-meil tran-quil-le. Sei-
gneur, nous vous sup-pli-ons de vi-si-ter cet-te
de-meu-re, et d'en é-loi-gner tous les pi-é-ges de
l'en-ne-mi. Que vos saints An-ges y ha-bi-tent,
pour nous y con-ser-ver en paix, et que vo-tre
bé-né-dic-ti-on de-meu-re tou-jours sur nous.

Au nom du Pè-re, et du Fils, et du Saint-Es-
prit. Ain-si soit-il.

L'ORDINAIRE DE LA SAINTE MESSE. (1).

Pri-è-re a-vant la Mes-se.

MON Di-eu, je vous de-man-de la grâ-ce d'é-cou-ter la sain-te Mes-se a-vec at-ten-ti-on et sans dis-trac-ti-on, et de la li-re a-vec u-ne pi-é-té vé-ri-ta-ble, puis-que cet au-gus-te Sa-cri-fi-ce pré-sen-te les plus grands mys-tè-res de la Re-li-gi-on. Don-nez moi donc, pour que j'y as-sis-te, tou-te l'ap-pli-ca-ti-on et tou-te la dé-vo-ti-on que je dois a-voir. Ain-si soit-il.

Pri-è-res du-rant la Mes-se.

INTROIBO.

Au nom du Pè-re, et du Fils, et du Saint-Es-prit. Ain-si soit-il.

C'EST en vo-tre nom, a-do-ra-ble Tri-ni-té, c'est pour vous ren-dre l'hon-neur et les hom-ma-ges qui vous sont dûs, que j'as-sis-te au très saint et très au-gus-te Sa-cri-fi-ce.

---

(1) Pour ne rien offrir que d'orthodoxe à mes lecteurs, j'ai mis à contribution un ouvrage très chrétien de Mad. de Genlis.

Per-met-tez moi, di-vin Sau-veur, de m'u-
nir d'in-ten-ti-on au Mi-nis-tre de vos au-tels,
pour of-frir la pré-ci-eu-se vic-ti-me de mon
sa-lut; et don-nez moi les sen-ti-ments que
j'au-rais dû a-voir sur le Cal-vai-re, si j'a-vais
as-sis-té au Sa-cri-fi-ce san-glant de vo-tre Pas-
si-on.

CONFITEOR.

JE m'ac-cu-se de-vant vous, ô mon Di-eu,
de tous les pé-chés dont je suis cou-pa-ble.
Je m'en ac-cu-se en pré-sen-ce de Ma-ri-e, la
plus pu-re de tou-tes les Vi-er-ges, de tous
les Saints et de tous les Fi-dè-les, par-ce que
j'ai pé-ché par pen-sé-es, par pa-ro-les, par
ac-ti-ons et par o-mis-si-ons. C'est ma fau-te;
oui, c'est ma fau-te, et ma très gran-de fau-te;
c'est pour-quoi je sup-pli-e la très Sain-te
Vi-er-ge et tous les Saints d'in-ter-cé-der pour
moi.

Sei-gneur, é-cou-tez fa-vo-ra-ble-ment ma
pri-è-re, et ac-cor-dez moi l'in-dul-gen-ce,
l'ab-so-lu-ti-on et la ré-mis-si-on de tous mes
pé-chés.

KYRIE, ELEÏSON.

DI-VIN Cré-a-teur de nos â-mes, ay-ez pi-ti-é
de l'ou-vra-ge de vos mains. Pè-re mi-sé-ri-

cor-di-eux, fai-tes mi-sé-ri-cor-de à vos en-
fants.

Au-teur de no-tre sa-lut, im-mo-lé pour
nous, ap-pli-quez nous le mé-ri-te de vo-tre
pré-ci-eux sang.

Ai-ma-ble Sau-veur, doux Jé-sus, ay-ez com-
pas-si-on de nos mi-sè-res, par-don-nez nous
nos pé-chés.

GLORIA IN EXCELSIS.

GLOI-RE à Di-eu dans le Ci-el, et paix aux
hom-mes de bon-ne vo-lon-té sur la ter-re.
Nous vous lou-ons, Sei-gneur, nous vous bé-
nis-sons, nous vous a-do-rons, nous vous glo-
ri-fi-ons, nous vous ren-dons de très hum-bles
ac-ti-ons de grâ-ces dans la vu-e de vo-tre gran-de
gloi-re, vous qui ê-tes le Sei-gneur, le sou-ve-
rain Mo-nar-que, le Très Haut, le seul vrai
Di-eu, le Pè-re tout-puis-sant.

A-do-ra-ble Jé-sus, Fils u-ni-que du Pè-re,
Di-eu et Sei-gneur de tou-tes cho-ses, A-gneau
en-voy-é de Di-eu pour ef-fa-cer les pé-chés du
mon-de, ay-ez pi-ti-é de nous, et, du haut du
Ci-el, où vous ré-gnez a-vec vo-tre Pè-re, je-
tez un re-gard de com-pas-si-on sur nous.
Sau-vez nous, vous ê-tes le seul qui le puis-
si-ez, Sei-gneur Jé-sus, par-ce que vous

ê-tes le seul in-fi-ni-ment puis-sant, in-fi-ni-
ment a-do-ra-ble, a-vec le Saint-Es-prit dans la
gloi-re du Pè-re. Ain-si soit-il.

ORAISON.

Ac-cor-dez nous, Sei-gneur, par l'in-ter-
ces-si-on de la Sain-te Vi-er-ge et des Saints que
nous ho-no-rons, tou-tes les grâ-ces que vo-tre
Mi-nis-tre vous de-man-de pour lui et pour
nous. M'u-nis-sant à lui de cœur, je vous fais la
mê-me pri-è-re en fa-veur de ceux et de cel-les
pour qui je suis o-bli-gé de pri-er ; et je vous
de-man-de, Sei-gneur, pour eux et pour
moi, tous les se-cours que vous sa-vez nous
ê-tre né-ces-sai-res, a-fin que nous ob-te-ni-ons
la vi-e é-ter-nel-le, au nom de Jé-sus Christ
no-tre Sei-gneur. Ain-si soit-il.

ÉPITRE.

Mon Di-eu, vous m'a-vez ap-pe-lé à la con-
nais-san-ce de vo-tre sain-te loi, pré-fé-ra-
ble-ment à tant de peu-ples qui vi-vent dans
l'i-gno-ran-ce de vos mys-tè-res. Je l'ac-cep-te
de tout mon cœur, cet-te di-vi-ne loi, et j'é-
cou-te a-vec res-pect les sa-crés O-ra-cles que
vous a-vez pro-non-cés par la bou-che de vos
Pro-phè-tes. Je les ré-vè-re a-vec tou-te la sou-

mis-si-on qui est du-e à la pa-ro-le d'un Di-eu,
et j'en vois l'ac-com-plis-se-ment a-vec tou-te
la joi-e de mon â-me.

Que n'ai-je pour vous, ô mon Di-eu, un
cœur sem-bla-ble à ce-lui des Saints de vo-tre
An-ci-en Tes-ta-ment! Que ne puis-je vous
dé-si-rer a-vec tou-te l'ar-deur des Pa-tri-
ar-ches, vous con-naî-tre et vous ré-vé-rer,
com-me les Pro-phè-tes, vous ai-mer et m'at-
ta-cher u-ni-que-ment à vous, com-me les
A-pô-tres!

ÉVANGILE.

CE ne sont plus, ô mon Di-eu, les Pro-phè-
tes, ni les A-pô-tres, qui vont m'ins-trui-re
de mes de-voirs! c'est vo-tre Fils u-ni-
que, c'est sa pa-ro-le, que je vais en-ten-
dre. Mais hé-las! que me ser-vi-ra d'a-voir cru
que c'est vo-tre pa-ro-le, ô mon doux Jé-sus,
si je n'a-gis pas con-for-mé-ment à ma croy-an-
ce? Que me ser-vi-ra, lors-que je pa-raî-trai
de-vant vous, d'a-voir eu la foi, sans le mé-
ri-te de la cha-ri-té et des bon-nes œu-vres?

CREDO.

JE crois en un seul Di-eu, le Pè-re tout-puis-
sant, Cré-a-teur de l'u-ni-vers, en no-tre Sei-

gneur Jé-sus Christ, son Fils u-ni-que, par-
fai-te-ment sem-bla-ble à lui, saint, puis-sant,
é-ter-nel, Di-eu com-me lui. Je crois que ce
Fils a-do-ra-ble s'est fait hom-me pour l'a-mour
de nous, qu'il a souf-fert, qu'il est mort, qu'il
est res-sus-ci-té, qu'il est mon-té au Ci-el, qu'il
en des-cen-dra pour ju-ger les hom-mes, et
qu'en-sui-te il con-ti-nu-e-ra un rè-gne é-ter-
nel-le-ment heu-reux.

Je crois au Saint-Es-prit, Di-eu com-me le
Pè-re et le Fils, pro-cé-dant de l'un et de l'autre, et par-ta-geant a-vec eux la mê-me gloi-re,
sour-ce de vi-e, au-teur de la sanc-ti-fi-ca-ti-on
des hom-mes, et la lu-mi-è-re des Pro-phè-tes.
Je crois en u-ne É-gli-se sain-te, ca-tho-li-
que, en un Bap-tê-me ins-ti-tu-é pour la ré-
mis-si-on des pé-chés ; et, plein de con-fi-an-ce
en la mi-sé-ri-cor-de de mon Di-eu, j'at-tends la
ré-sur-rec-ti-on des morts, et la vi-e é-ter-nel-le.
Ain-si soit-il.

OFFERTOIRE.

Pè-re in-fi-ni-ment saint, Di-eu é-ter-nel
et tout-puis-sant, quel-que in-di-gne que je
sois de pa-raî-tre de-vant vous, j'o-se vous pré-
sen-ter cet-te Hos-ti-e par les mains du Prê-tre,
a-vec l'in-ten-ti-on qu'a eu-e Jé-sus Christ,
mon Sau-veur, lors-qu'il ins-ti-tu-a ce Sa-cri-

fi-ce, et qu'il a en-co-re au mo-ment qu'il s'im-mo-le i-ci pour moi.

Je vous l'of-fre pour re-con-naî-tre vo-tre sou-ve-rai-ne puis-san-ce sur moi et sur tou-tes les cré-a-tu-res. Je vous l'of-fre pour l'ex-pi-a-ti-on de mes pé-chés, et en ac-ti-ons de grâ-ces pour tous les bi-en-faits dont vous m'a-vez com-blé. Je vous l'of-fre en-fin, ô mon Di-eu, cet au-gus-te Sa-cri-fi-ce, a-fin d'ob-te-nir de vo-tre bon-té in-fi-ni-e, pour mes pa-rents et mes bi-en-fai-teurs, pour mes a-mis, mes en-ne-mis et pour moi-mê-me, les grâ-ces pré-ci-eu-ses de sa-lut, qui ne peu-vent ê-tre ac-cor-dé-es à un pé-cheur, qu'en vu-e des mé-ri-tes de ce-lui qui est le jus-te par ex-cel-len-ce, et qui s'est fait vic-ti-me de pro-pi-ti-a-ti-on pour tous. Mais, en vous of-frant cet-te a-do-ra-ble Vic-ti-me, je vous re-com-man-de, ô mon Di-eu, tou-te l'É-gli-se ca-tho-li-que, no-tre Saint Pè-re le Pa-pe, no-tre É-vê-que, tous les Pas-teurs des â-mes, ceux qui nous gou-ver-nent, leurs fa-mil-les, les Prin-ces Chré-ti-ens, et tous les peu-ples qui croi-ent en vous.

Sou-ve-nez vous aus-si, Sei-gneur, des fi-dè-les tré-pas-sés, et, en con-si-dé-ra-ti-on des mé-ri-tes de vo-tre Fils, don-nez leur un li-eu de ra-fraî-chis-se-ment, de lu-mi-è-re et de paix.

N'ou-bli-ez pas, mon Di-eu, vos en-ne-mis et les mi-ens ; ay-ez pi-ti-é des in-fi-dè-les, des hé-ré-ti-ques et de tous les pé-cheurs; com-blez de vos grâ-ces ceux qui me per-sé-cu-tent, et par-don-nez moi mes pé-chés, com-me je leur par-don-ne tout le mal qu'ils me font, ou qu'ils vou-draient me fai-re. Ain-si soit-il.

PRÉFACE.

Voi-ci l'heu-reux mo-ment où le Roi des An-ges et des hom-mes va pa-raî-tre. Sei-gneur, rem-plis-sez moi de vo-tre es-prit ; que mon cœur, dé-ga-gé de la ter-re, ne pen-se qu'à vous. Quel-le o-bli-ga-ti-on n'ai-je pas de vous bé-nir et de vous lou-er en tout temps et en tout li-eu, Di-eu du Ci-el et de la ter-re, Maî-tre in-fi-ni-ment grand, Pè-re tout-puis-sant et é-ter-nel !

Ri-en n'est plus jus-te, ri-en n'est plus a-van-ta-geux, que de nous u-nir à Jé-sus Christ, pour vous a-do-rer con-ti-nu-el-le-ment. C'est par lui, que tous les es-prits bi-en-heu-reux ren-dent leurs hom-ma-ges à vo-tre Ma-jes-té; c'est par lui, que tou-tes les Ver-tus du Ci-el, sai-si-es d'u-ne fray-eur res-pec-tu-eu-se, s'u-nis-sent pour vous glo-ri-fier. Souf-frez, Sei-gneur, que nous joi-gni-ons nos fai-bles lou-an-ges à cel-les de ces sain-tes In-tel-li-gen-ces, et que, de con-cert a-vec el-les, nous di-si-ons

dans un trans-port de joi-e et d'ad-mi-ra-ti-on :
Saint, Saint, Saint, est le Sei-gneur, le Di-eu
des ar-mé-es. L'u-ni-vers est rem-pli de sa
gloi-re. Que les bi-en-heu-reux le bé-nis-sent
dans le Ci-el. Bé-ni soit ce-lui qui nous vi-ent
sur la ter-re, Di-eu et Sei-gneur com-me ce-lui
qui l'en-voi-e.

CANON.

Nous vous con-ju-rons, au nom de Jé-sus
Christ, vo-tre Fils et no-tre Sei-gneur, ô Pè-re
in-fi-ni-ment mi-sé-ri-cor-di-eux, d'a-voir pour
a-gré-a-ble et de bé-nir l'of-fran-de que nous
vous pré-sen-tons, a-fin qu'il vous plai-se de
con-ser-ver, de dé-fen-dre et de gou-ver-ner
vo-tre sain-te É-gli-se ca-tho-li-que, a-vec tous
les Mem-bres qui la com-po-sent, le Pa-pe,
no-tre É-vê-que, ceux qui nous gou-ver-nent,
et gé-né-ra-le-ment tous ceux qui font pro-fes-
si-on de vo-tre sain-te foi.

Nous vous re-com-man-dons, Sei-gneur,
ceux et cel-les pour qui la jus-ti-ce, la re-con-
nais-san-ce et la cha-ri-té nous o-bli-gent de
pri-er, tous ceux qui sont pré-sents à cet a-do-
ra-ble Sa-cri-fi-ce, et en par-ti-cu-li-er nos
pa-rents et nos bi-en-fai-teurs ; et, a-fin, grand
Di-eu, que nos hom-ma-ges vous soient plus
a-gré-a-bles, nous nous u-nis-sons à la glo-

ri-eu-se Ma-ri-e, tou-jours Vi-er-ge, mè-re de
no-tre Di-eu et Sei-gneur Jé-sus Christ, à tous
vos A-pô-tres, à tous les bi-en-heu-reux Mar-
tyrs, et à tous les Saints qui com-po-sent a-vec
nous un-e mê-me É-gli-se.

ÉLÉVATION.

VER-BE in-car-né, di-vin Jé-sus, vrai Di-eu
et vrai hom-me, je crois que vous ê-tes i-ci
pré-sent, je vous y a-do-re a-vec hu-mi-li-té;
je vous ai-me de tout mon cœur; et, com-me
vous y ve-nez pour l'a-mour de moi, je me
con-sa-cre en-ti-è-re-ment à vous. J'a-do-re ce
sang pré-ci-eux que vous a-vez ré-pan-du pour
tous les hom-mes, et j'es-pè-re, ô mon Di-eu,
que vous ne l'au-rez pas ver-sé i-nu-ti-le-ment
pour moi. Fai-tes, je vous con-ju-re, que je
m'en ap-pli-que les mé-ri-tes. Je vous of-fre
le mi-en, ai-ma-ble Jé-sus, en re-con-nais-
san-ce de cet-te cha-ri-té in-fi-ni-e que vous
a-vez eu-e, de don-ner le vô-tre pour l'a-mour
de moi.

SUITE DU CANON.

C'EST main-te-nant, é-ter-nel-le Ma-jes-té, que
nous vous of-frons de vo-tre grâ-ce vé-ri-ta-ble-
ment et pro-pre-ment la vic-ti-me sain-te, pu-re

et sans ta-che, qu'il vous a plu de nous don-ner vous-mê-me, et dont tou-tes les au-tres n'é-taient que la fi-gu-re. Oui, grand Di-eu, nous o-sons vous le di-re, il y a i-ci plus que tous les sa-cri-fi-ces d'A-bel, d'A-bra-ham et de Mel-chi-sé-dech, la seu-le vic-ti-me di-gne de vo-tre Au-tel, no-tre Sei-gneur Jé-sus Christ, vo-tre fils, l'u-ni-que ob-jet de vos é-ter-nel-les com-plai-san-ces.

Que tous ceux qui par-ti-ci-pent i-ci de bou-che ou de cœur à cet-te sa-cré-e vic-ti-me, soient rem-plis de la bé-né-dic-ti-on. Que cet-te bé-né-dic-ti-on se ré-pan-de, Sei-gneur, sur les â-mes des Fi-dè-les qui sont morts dans la paix de l'É-gli-se, et par-ti-cu-li-è-re-ment sur les â-mes de nos pa-rents et a-mis; ac-cor-dez leur, ô mon Di-eu, en vu-e de ce Sa-cri-fi-ce, la dé-li-vran-ce en-ti-è-re de leurs pei-nes.

Dai-gnez nous ac-cor-der aus-si un jour cet-te grâ-ce à nous-mê-mes, Pè-re in-fi-ni-ment bon; fai-tes nous en-trer en so-ci-é-té a-vec les saints A-pô-tres, a-fin que nous puis-si-ons vous ai-mer et vous glo-ri-fi-er é-ter-nel-le-ment a-vec eux. Ain-si soit-il.

PATER NOSTER.

QUE je suis heu-reux, ô mon Di-eu, de vous a-voir pour Pè-re! Que j'ai de joi-e de son-ger que le Ci-el où vous ê-tes, doit ê-tre un jour ma de-meu-re! Que vo-tre saint nom soit glo-ri-fi-é par tou-te la ter-re. Ré-gnez ab-so-lu-ment sur tous les cœurs et sur tou-tes les vo-lon-tés. Ne re-fu-sez pas à vos en-fants la nour-ri-tu-re spi-ri-tu-el-le et cor-po-rel-le. Nous par-don-nons de bon cœur, par-don-nez nous, sou-te-nez nous dans les ten-ta-ti-ons et dans les maux de cet-te mi-sé-ra-ble vi-e. Mais pré-ser-vez nous, s'il vous plaît, du pé-ché qui est le plus grand de tous les maux. Ain-si soit-il.

AGNUS DEI.

A-gneau de Di-eu, im-mo-lé pour moi, ay-ez pi-ti-é de moi. Vic-ti-me a-do-ra-ble de mon sa-lut, sau-vez moi. Di-vin Mé-di-a-teur, ob-te-nez ma grâ-ce au-près de vo-tre Pè-re, don-nez moi vo-tre paix.

COMMUNION.

Qu'il me se-rait doux, ô mon ai-ma-ble Sau-veur, d'ê-tre du nom-bre de ces heu-reux Chré-ti-ens, à qui la pu-re-té de cons-ci-en-ce et u-ne ten-dre pi-é-té per-met-tent de s'ap-pro-cher tous les jours de vo-tre sain-te Ta-ble! Mais, puis-que j'en suis très in-di-gne, sup-plé-ez, ô mon Di-eu, à l'in-dis-po-si-ti-on de mon â-me; par-don-nez moi tous mes pé-chés, je les dé-tes-

...te de tout mon cœur, par-ce qu'ils vous dé-plai-sent. Re-ce-vez le dé-sir sin-cè-re que j'ai de m'u-nir à vous. Pu-ri-fi-ez moi d'un seul de vos re-gards, et met-tez moi en é-tat de vous bi-en re-ce-voir au plu-tôt.

En at-ten-dant cet heu-reux jour, je vous con-ju-re, Sei-gneur, de me ren-dre par-ti-ci-pant des fruits que la com-mu-ni-on du Prê-tre doit pro-dui-re chez tout le peu-ple fi-dè-le qui est pré-sent à ce Sa-cri-fi-ce. Aug-men-tez ma foi par la ver-tu de ce di-vin Sa-cre-ment; for-ti-fi-ez mon es-pé-ran-ce, é-pu-rez en moi la cha-ri-té, rem-plis-sez mon cœur de vo-tre a-mour, a-fin qu'il ne sou-pi-re plus qu'a-près vous, et qu'il ne vi-ve plus que pour vous. Ain-si soit-il.

DERNIÈRE ORAISON.

Vous ve-nez, ô mon Di-eu, de vous im-mo-ler pour mon sa-lut, je veux me sa-cri-fi-er pour vo-tre gloi-re. J'ac-cep-te de bon cœur tou-tes les croix qu'il vous plai-ra de m'en-voy-er; je les bé-nis, je les re-çois de vo-tre main, et je les u-nis à la vô-tre. Je sors pu-ri-fi-é de vos saints mys-tè-res; je fui-rai a-vec hor-reur les moin-dres ta-ches du pé-ché, sur-tout de ce-lui où mon pen-chant m'en-traî-ne a-vec le plus de vi-o-len-ce. Je se-rai fi-dè-le à vo-tre Loi, et je

suis ré-so-lu à tout per-dre et à tout souf-frir
plu-tôt que de la vi-o-ler.

BÉNÉDICTION.

Bé-nis-sez, ô mon Di-eu, ces sain-tes ré-so-
lu-ti-ons. Bé-nis-sez nous tous par la main de
vo-tre saint Mi-nis-tre, et que les ef-fets de
vo-tre bé-né-dic-ti-on de-meu-rent é-ter-nel-le-
ment sur nous. Au nom du Pè-re, et du Fils,
et du Saint-Es-prit. Ain-si soit-il.

DERNIER ÉVANGILE.

Ver-be di-vin, fils u-ni-que du Pè-re, lu-
mi-è-re du mon-de, ve-nu-e du Ci-el pour
nous en mon-trer le che-min, ne per-met-tez
pas que je res-sem-ble à ce Peu-ple in-fi-
dè-le qui a re-fu-sé de vous re-con-naî-tre pour
le Mes-si-e. Ne souf-frez pas que je tom-be
dans le mê-me a-veu-gle-ment que ces mal-
heu-reux qui ont mi-eux ai-mé de-ve-nir es-
cla-ves de Sa-tan, que d'a-voir part à la glo-
ri-eu-se a-dop-ti-on d'en-fants de Di-eu, que
vous ve-nez leur pro-cu-rer.

Ver-be fait chair, je vous a-do-re a-vec le
res-pect le plus pro-fond; je mets tou-te ma
con-fi-an-ce en vous seul, es-pé-rant fer-me-
ment que, puis-que vous ê-tes mon Di-eu,

et un Di-eu qui s'est fait hom-me, a-fin de
sau-ver les hom-mes, vous m'ac-cor-de-rez les
grâ-ces né-ces-sai-res pour me sanc-ti-fi-er, et
pour vous pos-sé-der é-ter-nel-le-ment dans le
Ci-el. Ain-si soit-il.

COMMANDEMENTS

De Dieu et Commandements de l'Église (1).

Com-man-de-ments de Di-eu.

1. Un seul Di-eu tu a-do-re-ras,
   Et ai-me-ras par-fai-te-ment.
2. Di-eu en vain tu ne ju-re-ras,
   Ni au-tre cho-se pa-reil-le-ment.
3. Les Di-man-ches tu gar-de-ras,
   En ser-vant Di-eu dé-vo-te-ment.
4. Tes pè-re et mè-re ho-no-re-ras,
   A-fin de vi-vre lon-gue-ment.
5. Ho-mi-ci-de point ne se-ras
   De fait ni vo-lon-tai-re-ment.
6. Lu-xu-ri-eux point ne se-ras
   De corps ni de con-sen-te-ment.

---

(1) Les Instituteurs et les Institutrices auront soin
de faire apprendre par cœur ces *Commandements*
qui sont la base de la morale religieuse.

7. Le bi-en d'au-trui tu ne pren-dras,
   Ni re-ti-en-dras à ton es-ci-ent.
8. Faux té-moi-gna-ge ne di-ras,
   Ni men-ti-ras au-cu-ne-ment.
9. L'œu-vre de chair ne dé-si-re-ras
   Qu'en ma-ri-a-ge seu-le-ment.
10. Bi-ens d'au-trui ne con-voi-te-ras,
    Pour les a-voir in-jus-te-ment.

Com-man-de-ments de l'É-gli-se.

1. LES Fê-tes tu sanc-ti-fi-e-ras
   Qui te sont de com-man-de-ment.
2. Les Di-man-ches Mes-se ou-ï-ras,
   Et les fê-tes pa-reil-le-ment.
3. Tous tes pé-chés con-fes-se-ras
   A tout le moins u-ne fois l'an.
4. Ton Cré-a-teur tu re-ce-vras
   Au moins à Pâ-ques hum-ble-ment.
5. Qua-tre-temps , Vi-gi-les, jeû-ne-ras,
   Et le Ca-rê-me en-ti-è-re-ment.
6. Ven-dre-di chair ne man-ge-ras ,
   Ni le Sa-me-di mê-me-ment (1).

-----

(1) *C'est-à-dire* il en sera de même du Samedi.

MORALE EN DISCOURS.

MES CHERS EN-FANTS, ai-mez Di-eu au-tant qu'il nous ai-me. No-tre cœur nous dit que nous ne som-mes faits que pour Di-eu. Si vous ho-no-rez en tout temps ce su-prê-me Au-teur et Ré-gu-la-teur de tou-tes cho-ses, ja-mais vous ne con-sen-ti-rez au cri-me.

Tout vous dé-mon-tre l'ex-is-ten-ce d'un Di-eu. L'u-ni-vers por-te le ca-rac-tè-re d'u-ne cau-se in-fi-ni-ment puis-san-te et in-dus-tri-eu-se. Re-gar-dez cet-te voû-te im-men-se des Ci-eux, qui nous cou-vre, ces a-by-mes d'air et d'eau, qui nous en-vi-ron-nent, ces as-tres ma-gni-fi-ques, qui nous é-clai-rent : l'as-sem-bla-ge de tant de mer-veil-les est l'ou-vra-ge d'un Di-eu qu'il faut bé-nir, a-do-rer et ser-vir.

A-près Di-eu, ai-mez et ré-vé-rez vos pa-rents, ain-si que vos ins-ti-tu-teurs ; rem-plis-sez tou-jours leurs or-dres ou leurs vo-lon-tés a-vec zè-le, res-pect et sou-mis-si-on.

Res-pec-tez vos pa-rents, par-ce qu'ils ont sur vous u-ne au-to-ri-té qu'ils ti-en-nent de la na-tu-re, par-ce qu'ils sont à vo-tre é-gard les re-pré-sen-tants de la Di-vi-ni-té. Ai-mez vos pa-rents, par-ce qu'ils ne font u-sa-ge de leur au-to-ri-té sur vous, que pour vo-tre bon-heur. Ce-lui-là don-ne les preu-ves les plus tou-chan-tes de son a-mour fi-li-al, qui rem-plit soi-gneu-se-ment tous ses de-voirs, qui est sou-mis à la vo-lon-té de ses pa-rents, qui s'ef-for-ce de con-tri-bu-er à leur fé-li-ci-té par ses ta-lents et par ses ver-tus, qui ne ces-se en-fin de les se-cou-rir dans leurs maux ou dans leurs af-flic-ti-ons.

Ché-ris-sez vos ins-ti-tu-teurs, et soy-ez leur sou-mis, par-ce qu'ils ti-en-nent la pla-ce vos pa-rents, par-ce que vous leur de-vez le pre-mi-er des bi-ens, je veux di-re l'é-du-ca-ti-on sans la-quel-le il n'y a ni jou-is-san-ce ni vrai-e con-si-dé-ra-ti-on dans ce bas-mon-de.

Sou-ve-nez vous de fai-re l'au-mô-ne ; l'hu-ma-ni-té nous fait un de-voir de se-cou-rir les pau-vres. Ri-en n'est plus doux, mes en-fants, que d'em-ploy-er ses ri-ches-ses à sou-la-ger ceux qui souf-frent.

Ne mé-pri-sez per-son-ne ; l'or-gueil est la sour-ce de tous les vi-ces. N'ou-bli-ez ja-mais que nous som-mes tous en-fants d'un mê-me pè-re, et que nous de-vons nous ai-mer et nous ren-dre des se-cours mu-tu-els.

Par-don-nez de bon cœur aux au-tres les of-fen-ses que vous en a-vez re-çu-es. On se met de ni-veau a-vec son en-ne-mi, lors-qu'on ven-ge un ou-tra-ge ; on s'é-lè-ve au-des-sus de lui, lors-qu'on l'ou-bli-e.

Que ja-mais le men-son-ge ne souil-le vos lè-vres. Ce-lui qui ment u-ne fois, ne sait pas quel-le gran-de tâ-che il s'im-po-se ; car il se-ra o-bli-gé d'in-ven-ter vingt au-tres men-son-ges pour sou-te-nir le pre-mi-er.

Ne fai-tes pas aux au-tres ce que vous ne vou-dri-ez pas qu'on vous fît. Cet-te ma-xi-me si sa-ge est le fon-de-ment et le prin-ci-pe de tou-tes lès lois.

La dou-ceur est u-ne ver-tu de tous les é-tats, de tous les â-ges, de tous les li-eux, de tou-tes les cir-cons-tan-ces, u-ne ver-tu qui nous con-ci-li-e tous les cœurs.

La joi-e et le bon-heur du mon-de se chan-gent en a-mer-tu-me et en poi-son dans le cœur de l'en-vi-eux. Fuy-ez donc cet-te pas-si-on o-di-eu-se qu'on nom-me en-vi-e, et qui est un a-veu se-cret que nous nous fai-sons à nous-mê-mes de no-tre mé-di-o-cri-té.

Tra-vail-lez sans ces-se à ac-qué-rir la sa-ges-se, et ne vous re-bu-tez ja-mais. Si vous pou-vez par-ve-nir à vo-tre but, le plai-sir que vous goû-te-rez en-sui-te, vous dé-dom-ma-ge-ra de tou-tes vos pei-nes.

* 2

La mé-di-san-ce est, de sa na-tu-re, un cri-me gri-ef par le tort qu'el-le fait au pro-chain, à qui el-le ra-vit le plus cher de tous les bi-ens : la ré-pu-ta-ti-on. Abs-te-nez vous donc de mé-di-re de qui que ce soit; é-vi-tez à plus for-te rai-son la ca-lom-ni-e, qui est pi-re que la mé-di-san-ce.

Si vous ê-tes sa-ges, mes chers en-fants, vous ne fe-rez ja-mais ri-en sans pren-dre con-seil. Dans des af-fai-res im-por-tan-tes, con-sul-tez mê-me les hom-mes les moins in-tel-li-gents, mais pro-bes, les hom-mes qui vous pa-rais-sent a-voir le moins d'es-prit et d'ex-pé-ri-en-ce. Quand les con-seils sont bons, on ne doit pas re-gar-der d'où ils vi-en-nent.

L'im-pos-si-bi-li-té pré-ten-du-e de nos de-voirs est tou-jours dans le pré-tex-te de nos pas-si-ons ; el-le n'est ja-mais dans nos de-voirs mê-mes. Il faut donc sans ces-se et de bon-ne heu-re, mes a-mis, dé-cla-rer à vos pas-si-ons u-ne guer-re ter-ri-ble. Dans le com-men-ce-ment, el-les o-bé-is-sent, et dans la sui-te el-les com-man-dent. Les pas-si-ons sont plus ai-sé-es à vain-cre, qu'à con-ten-ter.

Un cœur cor-rom-pu ne trou-ve de joi-e, que dans tout ce qui lui rap-pel-le l'i-ma-ge de ses vi-ces. Les joi-es in-no-cén-tes ne con-vi-en-nent qu'à la ver-tu.

Vou-lez-vous n'ê-tre ja-mais con-tra-ri-és et

ré-us-sir dans vos pro-jets ; fai-tes vos af-fai-res
vous-mê-mes. Vou-lez-vous cor-ri-ger les au-
tres ; com-men-cez par vous cor-ri-ger vous-
mê-mes. Un seul ex-em-ple pro-duit plus d'ef-
fets, que cent vo-lu-mes d'ex-hor-ta-ti-ons ou
de me-na-ces.

La po-li-tes-se est u-ne i-mi-ta-ti-on de l'hon-
nê-te-té ; el-le se mon-tre dans le main-ti-en,
dans le lan-ga-ge, dans les ac-ti-ons, et el-le
pré-sen-te l'hom-me au de-hors tel qu'il de-vrait
ê-tre au de-dans. Soy-ez po-lis, vous se-rez
con-si-dé-rés ; mais soy-ez hon-nê-tes, vous
ob-ti-en-drez l'es-ti-me de tout le mon-de.

Un cœur gé-né-reux et com-pâ-tis-sant ne
sau-rait ê-tre un mau-vais cœur. Nous ne
de-vons qu'au ha-sard la dif-fé-ren-ce qui
ex-is-te en-tre nous et les mal-heu-reux ; l'hu-
ma-ni-té, qui souf-fre tou-jours de cet-te dif-fé-
ren-ce, tra-vail-le à la fai-re dis-pa-raî-tre.

Quand l'hu-mi-li-té est vrai-ment dans le
cœur, el-le se mon-tre jus-que sur le vi-sa-ge,
et pa-raît dans tout l'ex-té-ri-eur. Ce n'est pas
tou-te-fois qu'el-le af-fec-te de se mon-trer ; ce-
lui qui est ré-el-le-ment hum-ble, est aus-si
soi-gneux de ca-cher son hu-mi-li-té que tou-tes
ses au-tres ver-tus.

Il n'y a que l'a-mour-pro-pre et l'in-té-rêt
per-son-nel qui nous ca-chent ce qu'il y a de
vain et de cri-mi-nel dans nos mœurs.

Le plus mal-heu-reux de tous les hom-mes est-ce-lui qui croit l'ê-tre. Le mal-heur dé-pend moins des cho-ses que l'on souf-fre, que de l'im-pa-ti-en-ce a-vec la-quel-le on aug-men-te son mal-heur.

Mes en-fants, ne dé-si-rez pas les ri-ches-ses. Il s'en faut beau-coup qu'el-les ren-dent heu-reux ce-lui qui les pos-sè-de ; el-les sont au con-trai-re u-ne sour-ce d'in-qui-é-tu-des et de pri-va-ti-ons. Plus l'on a, plus l'on veut a-voir.

Ne per-dez ja-mais cou-ra-ge ; es-pé-rez dans l'ad-ver-si-té, crai-gnez au con-trai-re dans la pros-pé-ri-té. Ain-si que la plui-e et le so-leil, le bon-heur et le mal-heur se suc-cè-dent mu-tu-el-le-ment. Tel est au-jour-d'hui ri-che et puis-sant, qui de-main se-ra pau-vre et sans cré-dit.

Ai-mez la con-di-ti-on dans la-quel-le Di-eu vous a fait naî-tre ; il n'y en a pas, quel-que mau-vai-se qu'el-le soit, qui n'ait un bon cô-té. Cha-que é-tat a son point de vu-e, il faut sa-voir s'y met-tre ; ce n'est pas la fau-te des si-tu-a-ti-ons, c'est la nô-tre. Nous a-vons bi-en plus à nous plain-dre de no-tre hu-meur, que de la For-tu-ne.

Ri-en n'est plus beau que la pré-ve-nan-ce en-vers tout le mon-de. Quand vous ren-dez ser-vi-ce à quel-qu'un, fai-tes le a-vec la mê-me ar-deur, que si vous tra-vail-li-ez pour vous-mê-mes. Quand vous pro-met-tez quel-que cho-se, pre-nez gar-de d'a-bord si vo-tre pro-mes-se est con-for-me aux lois de la jus-ti-ce; a-près quoi, te-nez vo-tre pa-ro-le, car il n'est pas per-mis de se ré-trac-ter sans mo-tif.

Mon-trez vous tou-jours sou-mis, pai-si-bles, mo-des-tes, so-bres, pa-ti-ents, jus-tes, é-co-no-mes, cha-ri-ta-bles, a-mis du tra-vail, bons ci-toy-ens, su-jets fi-dè-les, et zé-lés ob-ser-va-teurs de la Re-li-gi-on de vos pè-res.

Les ha-bi-tu-des vi-ci-eu-ses ont ce-la de par-ti-cu-li-er, qu'el-les s'im-pri-ment beau-coup plus ai-sé-ment et plus pro-fon-dé-ment, par-ce que no-tre na-tu-re cor-rom-pu-e est plus dis-po-sé-e à les re-ce-voir.

La sour-ce de nos cha-grins est or-di-nai-re-ment dans nos er-reurs, et nous ne som-mes mal-heu-reux dans ce bas-mon-de, que par-ce que nous ju-geons mal des bi-ens et des maux vé-ri-tab-les.

Les pas-si-ons que le mon-de lou-e et fait naî-tre, nous en at-ti-rent le mé-pris. La ver-tu que le mon-de com-bat et cen-su-re, nous en at-ti-re les hom-ma-ges. At-ta-chez vous donc à la ver-tu, et maî-tri-sez les pas-si-ons qui lais-sent tou-jours l'hom-me en re-pos, quand el-les o-bé-is-sent à la rai-son.

· L'hom-me n'est en sû-re-té que sous le bou-cli-er de la Sa-ges-se, et sous l'é-gi-de de sa cons-ci-en-ce. Par le mot *cons-ci-en-ce*, vous en-ten-dons ce sen-ti-ment in-té-ri-eur d'un hon-neur dé-li-cat qui as-su-re qu'on n'a ri-en à se re-pro-cher. Les tor-tu-res, les fu-ri-es, les en-fers tour-men-tent moins les mé-chants, que leur pro-pre cons-ci-en-ce. U-ne cons-ci-en-ce pu-re est la sour-ce u-ni-que des vrais plai-sirs.

· Tel est le mal-heur or-di-nai-re des Prin-ces : tout est at-ten-tif ou à dé-gui-ser leurs vi-ces, ou à leur fai-re per-dre le mé-ri-te de leurs ver-tus. Dé-fi-ez vous, mes chers en-fants, d'un flat-teur, d'un hom-me qui est af-fec-té dans ses dis-cours, et qui se pi-que par-tout d'é-lo-quen-ce. Ce n'est pas là le ca-rac-tè-re de la vé-ri-ta-ble ver-tu.

Le plus li-bre de tous les hom-mes, est ce-lui qui peut ê-tre li-bre dans l'es-cla-va-ge, en quel-que po-si-ti-on qu'il se trou-ve. On est très li-bre, pour-vû qu'on crai-gne Di-eu et qu'on ne crai-gne que lui : en un mot, l'hom-me vé-ri-ta-ble-ment li-bre est ce-lui qui, dé-ga-gé de tou-te crain-te et de tout dé-sir, n'est sou-mis qu'à Di-eu, à son Prin-ce et aux lois.

U-ne bon-ne ré-pu-ta-ti-on vous est très a-van-ta-geu-se, je di-rai mê-me très né-ces-sai-re, pour vo-tre é-ta-blis-se-ment et pour vo-tre a-van-ce-ment, soit dans l'É-gli-se, soit dans le

mon-de; car on ne s'ac-com-mo-de en au-cun
li-eu d'un hom-me dé-cri-é ou mal no-té.

Il n'y a mal-heu-reu-se-ment per-son-ne qui
n'en-tre tout neuf dans la vi-e; pour-quoi les
sot-ti-ses des pè-res sont el-les donc per-du-es
pour les en-fants?

Le mon-de est un grand thé-à-tre où cha-cun
jou-e un per-son-na-ge em-prun-té. Com-me
nous som-mes pleins de pas-si-ons, et que la
plû-part de nos pas-si-ons ont quel-que chose de bas et de mé-pri-sa-ble, tou-te no-tre at-
ten-ti-on est d'en ca-cher la bas-ses-se, et de
nous don-ner pour ce que nous ne som-mes pas.

Les hom-mes in-so-lents dans la pros-pé-ri-té,
sont tou-jours fai-bles et trem-blants dans la
dis-grâ-ce. Soit que la For-tu-ne vous ca-res-se,
soit qu'el-le vous sus-ci-te des re-vers, con-ser-
vez les mê-mes sen-ti-ments, la mê-me ré-ser-
ve, la mê-me tran-quil-li-té d'â-me.

Il est d'u-ne gran-de im-por-tan-ce de ne pas
s'u-nir d'a-mi-ti-é a-vec les gens vi-ci-eux, dé-
bau-chés, mé-chants, in-jus-tes, pas-si-on-nés,
par-ce que, in-sen-si-ble-ment, l'a-mi-ti-é et la
fa-mi-li-a-ri-té nous en-traî-nent dans tous leurs
vi-ces, nous plon-gent dans tous leurs dé-sor-
dres, et nous ins-pi-rent tou-tes leurs pas-si-ons.

L'a-mi que vous de-vez choi-sir, est un hom-
me sa-ge, dis-cret, é-clai-ré, ca-pa-ble de dé-mê-

ler vos vé-ri-ta-bles in-té-rêts, in-ca-pa-ble de se li-vrer à vos dé-ré-gle-ments, et tou-jours dis-po-sé à vous a-ver-tir de vos dé-fauts, pour vous en cor-ri-ger.

La pro-bi-té a des droits in-con-tes-ta-bles sur le cœur de l'hom-me ; par-tout où l'on re-con-naît son vé-ri-ta-ble ca-rac-tè-re, on la res-pec-te. S'il est des hom-mes as-sez li-ber-tins, pour la mé-pri-ser, que vous im-por-te de plai-re à u-ne poi-gné-e de gens qui ont pris tant de soin de se dé-cri-er eux-mê-mes ?

La vé-ri-ta-ble ver-tu son-ge plus à se ren-dre di-gne des grâ-ces, qu'à les ob-te-nir.

Met-tez un frein à vo-tre lan-gue. Le si-len-ce est né-ces-sai-re au Sa-ge ; ses ac-ti-ons doi-vent ê-tre son lan-ga-ge. Le Ci-el par-le ; mais de quel lan-ga-ge se sert-il pour prê-cher aux hom-mes qu'il y a un sou-ve-rain prin-ci-pe dont dé-pen-dent tou-tes les cho-ses d'i-ci-bas ? Son mou-ve-ment est son lan-ga-ge ; il ra-mè-ne les sai-sons en leur temps, il é-meut tou-te la Na-tu-re, il la fait pro-dui-re.... Que ce si-len-ce est é-lo-quent !

Le che-min qui con-duit à la ver-tu est long, di-rez-vous. Ce-la peut ê-tre, mais il ne ti-ent qu'à vous d'a-che-ver cet-te lon-gue car-ri-è-re. N'al-lé-guez pas, pour vous ex-cu-ser, que vous n'a-vez pas as-sez de for-ces, que les dif-fi-cul-

tés vous dé-cou-ra-gent , et que vous se-rez forcés en-fin à vous ar-rê-ter au mi-li-eu de vo-tre
cour-se; vous n'en sa-vez ri-en, com-men-cez
par cou-rir.

Que le temps pas-se vi-te ! Nous voy-ons a-
vec ef-froi le temps qui s'en-vo-le et nous ap-
por-te, en pas-sant, l'af-freu-se vi-eil-les-se, les
in-com-mo-di-tés, et en-fin la mort.

La mort est l'af-fai-re de tout le mon-de, et
les con-sé-quen-ces vi-en-nent bi-en droit jusqu'à nous. Ce-lui qui bril-le aux yeux des hom-
mes, et ce-lui qui lan-guit dans l'obs-cu-ri-té,
con-fon-dus en-sem-ble, a-bou-tis-sent au mê-
me ter-me, c'est-à-di-re au tom-beau.

Mes bons a-mis, son-gez sou-vent à la mort,
qui ne fait pas de dis-tinc-ti-on des per-son-nes,
et qui n'é-par-gne au-cun â-ge. Ri-en de mi-eux
in-ven-té que la mort , ne fût-ce que pour ven-
ger le fai-ble de l'ar-ro-gan-ce et du mé-pris des
hom-mes puis-sants, su-jets à leur tour à cet-te
loi im-pé-ri-eu-se , ef-fray-an-te , mais sa-lu-
tai-re.

1.

Mor-tels, tout est pour vo-tre u-sa-ge,
Di-eu vous com-ble de ses pré-sents.
Ah ! si vous ê-tes son i-ma-ge,
Com-me lui, soy-ez bi-en-fai-sants.

2.

Eh ! quoi ! sans res-pect, tous les jours
Nous par-lons de l'Ê-tre su-prê-me !
Qu'est-ce qu'un si-è-cle où le blas-phê-me
Est un or-ne-ment du dis-cours ?

3.

Qui s'é-lè-ve trop, s'a-vi-lit;
De la va-ni-té naît la hon-te :
C'est par l'or-gueil qu'on est pe-tit;
On est grand, quand on le sur-mon-te.

4.

Le Sa-ge peut fai-re u-ne fau-te,
Mais il ne peut y per-sis-ter ;
Et la sot-ti-se la plus hau-te
Est de ne pas se ré-trac-ter.

5.

Les grands ta-lents, les vrais gé-ni-es
Sym-pa-thi-sent tou-jours en-tre eux ;

Et, par un ins-tinct gé-né-reux,
Les bel-les â-mes sont u-ni-es.

6.

Flat-té du nom d'hom-me de bi-en,
Tra-vail-lez donc un peu pour l'ê-tre.
D'ê-tre ad-mi-ré le vrai moy-en ,
C'est d'ê-tre tel qu'on veut pa-raî-tre.

7.

No-tre con-dui-te dé-sa-vou-e
Ce que nous ap-prou-vons tout bas.
Nous ai-mons qu'un flat-teur nous lou-e
Des ver-tus que nous n'a-vons pas.

8.

I-mi-tons ce no-ble o-ran-ger
Dont la ver-du-re tou-jours bel-le
Sem-ble di-re a l'a-mi fi-dè-le :
Plu-tôt mou-rir que de chan-ger !

9.

Le né-ant d'u-ne vi-e oi-si-ve
De la mort est le vrai ta-bleau.
Croit-on que le pa-res-seux vi-ve?
Non. Sa de-meu-re est un tom-beau.

10.

L'a-mu-se-ment de la lec-tu-re
Est u-ti-le au-tant qu'il est doux ;
Les li-vres a-chè-vent en nous
Ce qu'a com-men-cé la Na-tu-re.

11.

Le vrai tré-sor , le pre-mi-er bi-en ,
C'est la pau-vre-té vo-lon-tai-re ;
Con-ten-tez vous du né-ces-sai-re ,
Vous n'au-rez plus be-soin de ri-en.

12.

N'ad-mi-rez pas trop ai-sé-ment.
Les i-gno-rants tou-jours s'en-gou-ent ;
Mais que de pro-di-ges é-chou-ent
Con-tre un peu de dis-cer-ne-ment !

13.

Qui peut au ca-lom-ni-a-teur
Prê-ter u-ne o-reil-le fa-ci-le ,
S'il n'a lui-mê-me un mau-vais cœur ,
Est pour le moins un im-bé-cil-le.

14.

Ce qu'il vous a-vait ap-por-té ,
Le Sort vi-ent-il à le re-pren-dre ;

De bon-ne grâ-ce il faut le ren-dre;
On ne vous au-ra ri-en ô-té.

15.

Pour s'ins-trui-re de son de-voir,
Il est tou-jours temps de s'y pren-dre.
On rou-git de ne pas sa-voir;
Ja-mais on ne rou-git d'ap-pren-dre.

16.

Les â-mes hon-nê-tes et pu-res
Se re-con-nais-sent à ces traits :
Quand le sou-ve-nir des bi-en-faits
Se joint à l'ou-bli des in-ju-res.

17.

La sci-en-ce est un don ma-gi-que
Qui de l'hom-me em-bel-lit le sort;
Mais l'i-gno-ran-ce lé-thar-gi-que
Est dans les om-bres de la mort.

18.

Que j'es-ti-me un beau ca-rac-tè-re
Qui ré-u-nit à la can-deur
De la ver-tu l'a-mour sin-cè-re,
La mo-des-ti-e et la pu-deur!

19.

Du Sort vous blâ-mez l'in-cons-tan-ce ;
Mais ce re-pro-che est-il per-mis ?
Il s'a-dres-se à la Pro-vi-den-ce
Qui ne vous a-vait ri-en pro-mis.

20.

Oui, dans un cer-cle on peut sans dou-te
Te-nir son coin, sans di-re mot ;
Et tel qui par-le com-me un sot,
A de l'es-prit, quand il é-cou-te.

21.

L'am-bi-ti-eux me fait pi-ti-é ;
Mil-le sou-cis ron-gent sa vi-e.
Et que veut-il ? ê-tre en-vi-é
De ceux-là mê-mes qu'il en-vi-e.

22.

Plu-tôt que d'a-voir un pro-cès,
Sa-cri-fi-ez quel-que a-van-ta-ge.
C'est un si grand bi-en que la paix,
Que de tout el-le dé-dom-ma-ge.

23.

Si tu rè-gles sur mes sou-haits
Et tes ri-gueurs et tes lar-ges-ses,

Grand DI-EU, ne me don-ne ja-mais
La pau-vre-té ni les ri-ches-ses.

24.

Au suc-cès le plus lé-gi-ti-me
Il faut join-dre un peu de fa-veur.
L'af-fec-ti-on me-ne à l'es-ti-me ;
On ne rè-gne que par le cœur.

25.

A la Ver-tu soy-ez fi-dè-le,
Lui fal-lût-il tout im-mo-ler.
Au su-bli-me on ne peut al-ler
Sans en-thou-si-as-me et sans zè-le.

26.

For-tu-ne, ton re-vers fu-nes-te
M'ô-te les bi-ens que tu m'as faits ;
Mais la pa-ti-en-ce me res-te,
Je suis plus ri-che que ja-mais.

27.

Est-ce le grand nom-bre des ans,
Qui fait seul l'heu-reu-se vi-eil-les-se ?
Non. La vi-e est dans la sa-ges-se ;
La Pru-den-ce a les che-veux blancs.

28.

D'aug-men-ter vos pos-ses-si-ons
Le soin vous tra-vail-le sans ces-se.
N'au-ri-ez-vous pas plus de ri-ches-se,
En re-tran-chant vos pas-si-ons?

29.

Ne voy-ez que d'hon-nê-tes gens,
Ne trai-tez ja-mais a-vec d'au-tres;
Vous n'ê-tes pas sûr des mé-chants,
Et leurs mœurs fe-raient tort aux vô-tres.

30.

Sur les mœurs à quoi sert d'é-cri-re
Des traits mil-le fois res-sas-sés?
— On ne sau-rait ja-mais trop di-re
Ce qu'on ne dit ja-mais as-sez.

MORALE EN ACTION.

Cé-sar Au-gus-te ve-nait de rem-por-ter
u-ne vic-toi-re cé-lè-bre. Du nom-bre des pri-
son-ni-ers é-tait un cer-tain Mé-tel-lus, son
plus cru-el en-ne-mi. *Cé-sar Au-gus-te* ne
l'eut pas plu-tôt re-con-nu, qu'il le con-dam-na
à mou-rir. Mais le fils de Mé-tel-lus, qui s'é-
tait si-gna-lé dans la ba-tail-le que *Cé-sar* a-vait
rem-por-té-e, cou-rut se je-ter dans les bras de
son pè-re, l'ar-ro-sa de ses lar-mes, et se tour-
nant vers *Cé-sar :* « Sei-gneur, lui dit-il, mon
pè-re a é-té vo-tre en-ne-mi ; com-me tel, il
mé-ri-te la mort ; mais je vous ai ser-vi fi-dè-le-
ment, et je mé-ri-te u-ne ré-com-pen-se. Pour
prix de mes ser-vi-ces, ac-cor-dez la vi-e à mon
pè-re, et fai-tes moi mou-rir à sa pla-ce. »
Cé-sar, vi-ve-ment tou-ché de ce dis-cours du
jeu-ne Mé-tel-lus, par-don-na au pè-re en fa-
veur du fils.

Du-bois é-tait fils d'un char-ron ; il ex-er-ça
lui-mê-me long - temps ce pé-ni-ble mé-ti-er
dans le vil-la-ge où il a-vait pris nais-san-ce.

3

A-près a-voir tra-vail-lé en-vi-ron qua-ran-te ans, il sen-tit ses for-ces s'af-fai-blir ; il n'a-vait plus ce cou-ra-ge qui l'a-vait a-ni-mé pen-dant son jeu-ne â-ge, et bi-en-tôt il se vit con-traint à quit-ter sa pro-fes-si-on. Dans le mê-me mo-ment, u-ne for-te ma-la-di-e lui sur-vint ; les dé-pen-ses qu'el-le lui oc-ca-si-on-na, le ré-dui-si-rent pres-que à la men-di-ci-té. Il eut le bon-heur de re-cou-vrer la san-té ; mais les for-ces qui l'a-vaient a-ban-don-né, ne lui re-vin-rent pas ; il fut, pour le res-te de sa vi-e, hors d'é-tat de tra-vail-ler à de gros ou-vra-ges. Ce-pen-dant il a-vait be-soin de ga-gner de l'ar-gent pour vi-vre, et pour ré-pa-rer ses per-tes. Que fait-il ? Ay-ant eu, pen-dant sa jeu-nes-se, du goût pour le jar-di-na-ge, il a-vait ap-pris à plan-ter les ar-bres à fruit, à les tail-ler et à les gref-fer. Il va donc trou-ver le fer-mi-er le plus o-pu-lent de son vil-la-ge, et le pri-e de vou-loir bi-en le pren-dre à son ser-vi-ce. Ce-lui-ci qui con-nais-sait l'ex-ac-ti-tu-de et la pro-bi-té de *Du-bois*, ne fait pas dif-fi-cul-té de le re-ce-voir chez lui, et de l'em-ploy-er aux tra-vaux du jar-din et de la mai-son. *Du-bois* met tous ses soins à rem-plir, com-me il faut, sa nou-vel-le pla-ce ; et, quel-que temps a-près, son maî-tre, qui est con-tent de ses ser-vi-ces, lui as-su-re- u-ne ex-is-ten-ce hon-nê-te jus-qu'à la fin de ses jours.

—Vous voy-ez qu'on ne se re-pent ja-mais d'ac-
qué-rir des ta-lents. Les con-nais-san-ces di-
ver-ses que nous pos-sé-dons, bi-en loin de nous
nui-re, nous sont au con-trai-re d'u-ne gran-de
res-sour-ce en mil-le cir-cons-tan-ces qu'on ne
peut pré-voir.

～～～～～

Un ri-che par-ti-cu-li-er don-nait par mois à
son fils u-ne som-me con-si-dé-ra-ble pour ses
me-nus plai-sirs. Le jeu-ne hom-me a-mas-sait
cet ar-gent, sans fai-re de gé-né-ro-si-té à per-
son-ne. Le pè-re vou-lut re-mé-di-er à ce vi-ce
nais-sant. En con-sé-quen-ce il va trou-ver
l'Ad-mi-nis-tra-teur du Bu-reau des pau-vres
de la vil-le où il de-meu-rait (c'é-tait son a-mi);
il lui fait part d'un pro-jet qu'il a en tê-te, et le
pri-e de ve-nir dî-ner le len-de-main a-vec lui.
L'Ad-mi-nis-tra-teur se rend à l'in-vi-ta-ti-on.
Pen-dant le re-pas, on s'en-tre-ti-ent de la mi-
sè-re des pau-vres de la vil-le. « Hé-las! s'é-cri-e
l'Ad-mi-nis-tra-teur, je ne re-çois pas as-sez
d'au-mô-nes pour sou-la-ger tous les mal-heu-
reux qui a-bon-dent à l'hos-pi-ce! C'est en pleu-
rant qu'ils me de-man-dent le pain dont ils ont
be-soin; com-bi-en il m'en coû-te pour le leur
re-fu-ser! Di-eu sait que, si j'é-tais plus ri-
che.... » A-lors le pè-re a-dres-sant la pa-ro-le
à son fils, lui de-man-de s'il n'est pas vrai-ment

tou-ché de com-pas-si-on en en-ten-dant ce ré-
cit. « Je sais, mon fils, lui dit-il, que vous a-vez
mis en ré-ser-ve u-ne som-me con-si-dé-ra-ble ;
je me flat-te qu'el-le est con-sa-cré-e à fai-re
de bon-nes œu-vres. Bé-nis-sez le Ci-el qui vous
of-fre u-ne oc-ca-si-on fa-vo-ra-ble de si-gna-ler
vo-tre bon cœur ; re-met-tez gé-né-reu-se-ment
à no-tre a-mi l'ar-gent que vous pos-sé-dez ; il
le fe-ra ser-vir aux be-soins des pau-vres. A l'ins-
tant, le jeu-ne hom-me, at-ten-dri jus-qu'aux
lar-mes, va cher-cher tout son ar-gent, et le re-
met lui-mê-me en-tre les mains de l'Ad-mi-nis-
tra-teur qui l'em-bras-se, et lui as-su-re que
cet-te som-me se-ra dis-tri-bu-é-e à son in-ten-
ti-on. Le pè-re, de son cô-té, bai-gne de pleurs
le vi-sa-ge de son fils en le ca-res-sant ; il aug-
men-te ses me-nus plai-sirs, et lui re-com-
man-de d'en fai-re un aus-si bon u-sa-ge dans
la sui-te. Ses in-ten-ti-ons fu-rent rem-pli-es.

<div style="text-align:center">~~~~~~</div>

Mon-si-eur *d'Au-bi-gné* a-vait un fils qui se
croy-ait en droit de mé-pri-ser tout le mon-de,
par-ce qu'il a-vait de la nais-san-ce et de la for-
tu-ne. Il par-lait in-so-lem-ment aux do-mes-
ti-ques de son pè-re, et les trai-tait sou-vent
a-vec beau-coup d'hu-meur. M. *d'Au-bi-gné*,
ré-vol-té de cet-te con-dui-te de son fils, lui fit

en-dos-ser un jour un ha-bit de gros-se ser-ge,
et lui dit en pré-sen-ce de tout le mon-de :
« Vous al-lez dé-pen-dre main-te-nant de ceux
à qui vous com-man-di-ez tout à l'heu-re a-vec
or-gueil et du-re-té. Vous ap-pren-drez, en leur
o-bé-is-sant, qu'on est as-sez mal-heu-reux de
ser-vir, sans é-prou-ver en-co-re des hu-mi-li-a-
ti-ons. Ceux que vous mé-pri-sez ne sont-ils pas
vos é-gaux aux yeux de la Di-vi-ni-té ? Pour-quoi
donc les trai-ter plus mal que vous ne vou-dri-ez
qu'on vous trai-tât ? Est-ce là le fruit des leçons que vous a-vez re-çu-es de moi ? Mal-heu-
reux en-fant ! . . . . . » Le jeu-ne *d'Au-bi-gné*
fut si sen-si-ble à cet af-front pu-blic, qu'il se
je-ta aux ge-noux de son pè-re, et lui ju-ra de
ne plus ou-bli-er que les hom-mes sont tous
frè-res. On as-su-re qu'il tint pa-ro-le.

~~~~~~

Guil-lot é-tait un jeu-ne ber-ger. Un jour, pour
se di-ver-tir, com-me s'il a-vait peur, il se mit à
cri-er : au loup ! au loup ! au loup ! Les ber-gers
du vil-la-ge ac-cou-ru-rent aus-si-tôt dans l'in-
ten-ti-on de lui por-ter du se-cours. *Guil-lot,* qui
les vit ar-ri-ver tout hors d'ha-lei-ne, se mo-qua
d'eux, puis les ren-voy-a. Mais, com-me on dit,
ri-ra bi-en, qui ri-ra le der-ni-er. Trois jours
a-près, un loup vé-ri-ta-ble vint se je-ter sur le
~~~~~~

trou-peau. *Guil-lot*, plein de fray-eur, cri-a de tou-tes ses for-ces : au loup, mes a-mis! au loup! Les au-tres ber-gers, ses voi-sins, l'en-ten-di-rent ; mais per-su-a-dés que *Guil-lot* vou-lait en-co-re s'a-mu-ser à leurs dé-pens, ils ne sor-ti-rent point du vil-la-ge ; et *Guil-lot*, fau-te de se-cours, pé-rit a-vec u-ne par-ti-e de son trou-peau. — Ce ré-cit prou-ve qu'un men-teur n'est point é-cou-té, lors mê-me qu'il dit la vé-ri-té.

Un hom-me a-vait un fils d'un ca-rac-tè-re fort ai-ma-ble ; il é-tait doux, hon-nê-te, mais il fré-quen-tait mal-heu-reu-se-ment des a-mis dont l'ex-em-ple et les dis-cours au-raient bi-en pu cor-rom-pre son cœur. Le pè-re ne pou-vait l'en-ga-ger à fuir ces mau-vai-ses com-pa-gni-es. Que fait-il donc ? Un jour, pen-dant l'ab-sen-ce de son fils, il rem-plit un pa-ni-er de bel-les o-ran-ges ; mais il a soin d'en met-tre deux ou trois qui é-taient gâ-té-es. Quand le jeu-ne hom-me est de re-tour, il lui re-met ce pa-ni-er en-tre les mains. « Qu'a-vez-vous fait, mon pè-re? Il y a dans ce pa-ni-er des fruits gâ-tés qui cor-rom-pront les au-tres ». « Ne crai-gnez ri-en, mon fils, ré-pond le pè-re, les bons ne se gâ-te-ront pas : au res-te, es-say-ons ». Aus-si-tôt il prend le pa-ni-er et le ser-re. Quelques jours a-près, l'en-fant de-man-de à voir les fruits, le pè-re les lui don-ne; mais, hé-las! il ne voit dans le pa-ni-er qu'un a-mas de pour-ri-tu-re. « Eh bi-en! mon pè-re, dit-il en mur-mu-rant, j'a-vais pré-vu ce mal-heur; mais vous n'a-vez pas vou-lu me croi-re. » A-lors le pè-re lui dit ten-dre-ment: « Vous-mê-me, mon fils, vous ne me croy-ez pas, lors-que je vous re-pré-sen-te que les pré-ten-dus a-mis que vous fré-quen-tez, gâ-te-ront vo-tre cœur. Vous pleu-rez la per-te de ces fruits, mais je se-rais bi-en plus af-fli-gé, si j'a-vais à pleu-rer la per-te de vo-tre in-no-cen-ce. » L'en-fant com-prit le mys-tè-re; et le sou-ve-nir de cet ac-ci-dent lui fit re-non-cer pour tou-jours à la so-ci-é-té des li-ber-tins.

Un la-bou-reur, a-vant de mou-rir, fit as-sem-bler tous ses en-fants, et leur dé-cla-ra qu'il a-vait en-ter-ré un tré-sor dans son champ plan-té de vi-gnes; puis il leur dit qu'ils de-vaient, a-près son tré-pas, s'oc-cu-per à dé-fon-cer le ter-rain, pour trou-ver ce tré-sor. Les en-fants lui de-man-dè-rent aus-si-tôt dans quel en-droit du champ il é-tait ca-ché; mais le pè-re se con-ten-ta de leur ré-pon-dre que c'é-tait à eux de fai-re les re-cher-ches né-ces-

sai-res. Lors-que le vi-eil-lard fut mort, et que
ses en-fants lui eu-rent ren-du les der-ni-ers de-
voirs, ils se mi-rent à re-mu-er et à dé-fon-cer
le champ; mais ce fut en vain. Qu'ar-ri-va-t-il
pour-tant? La ter-re qui a-vait é-té for-te-ment
la-bou-ré-e, leur pro-cu-ra u-ne ré-col-te a-bon-
dan-te; les vi-gnes qui é-taient plan-té-es dans
ce champ leur four-ni-rent beau-coup plus de
vin qu'ils n'en a-vaient eu les an-né-es pré-cé-
den-tes. L'aî-né dit a-lors à ses frè-res : Mes
a-mis, le tré-sor que no-tre pè-re nous a lais-
sé en mou-rant, c'est no-tre tra-vail; on est
tou-jours as-sez ri-che, quand on s'oc-cu-pe
u-ti-le-ment.

~~~~~~

Un pau-vre pay-san, d'u-ne cons-ti-tu-ti-on
fai-ble, se con-sa-crait tout en-ti-er à la sub-
sis-tan-ce d'un pè-re in-fir-me, d'un frè-re et
d'u-ne sœur trop jeu-nes en-co-re pour ê-tre
les com-pa-gnons de ses tra-vaux. U-ne di-
set-te vint dé-so-ler sa pro-vin-ce; et le dé-faut
de tra-vail lui en-le-va tous les moy-ens de
don-ner du pain à sa fa-mil-le. Il ap-prend
qu'on ti-re à la mi-li-ce. Il se pré-sen-te dans
l'es-poir d'ê-tre choi-si par le sort, et dans
l'in-ten-ti-on de don-ner à son pè-re le prix
d'u-ne li-ber-té qu'il ne peut plus em-ploy-er
au tra-vail. Frus-tré dans son at-ten-te, ne
~~~~~~

pou-vant se ré-sou-dre à voir son pè-re, son frè-re et sa jeu-ne sœur ex-pi-rer de faim, il va trou-ver ce-lui que le sort a dé-si-gné, et qui a re-çu qua-tre lou-is par la co-ti-sa-ti-on des jeu-nes gens. Ce bon fils ne de-man-de que vingt cinq francs pour pren-dre la pla-ce de ce-lui qui doit par-tir. Son cu-ré lui re-pré-sen-te le peu de se-cours que son pè-re va re-ti-rer de cet-te mo-di-que som-me. « Eh! mon-si-eur le cu-ré, ré-pond le bra-ve jeu-ne hom-me, c'est un se-cours prompt dont mon pè-re a be-soin ; tan-dis qu'il vi-vra de cet ar-gent, je tâ-che-rai de lui en ga-gner d'au-tre. »

~~~~~~

Ma-da-me *de Mur-vil-le* a-vait deux fil-les, jeu-nes en-co-re, et tou-tes deux fort ai-ma-bles. Au-tant el-les ché-ris-saient leur mè-re, au-tant el-les en é-taient ché-ri-es. L'aî-né-e se nom-mait Eu-cha-ris, et la ca-det-te, Vir-gi-ni-e. La fê-te de Ma-da-me *de Mur-vil-le* ap-pro-chait. Eu-cha-ris dit à Vir-gi-ni-e : « Il faut voir, ma sœur, la-quel-le de nous deux a le goût le plus dé-li-cat. Que cha-cu-ne, en se-cret, choi-sis-se dans le jar-din la fleur qui lui sem-ble-ra la plus jo-li-e, pour l'of-frir à Ma-man le jour de sa fê-te. » Vir-gi-ni-e ac-cep-te le dé-fi. Les deux sœurs s'é-tant sé-pa-ré-es, cher-chent long-temps la fleur dont
~~~~~~

el-les doi-vent fai-re choix. Le mo-ment de la pré-sen-ter ar-ri-ve. Eu-cha-ris s'a-van-ce d'un air sa-tis-fait, por-tant à sa main u-ne ro-se bril-lan-te de fraî-cheur. « Chè-re Ma-man, dit-el-le à sa mè-re, vois, du sein de ces feuil-les ver-tes, dé-cou-pé-es en fes-tons, vois s'é-lan-cer cet-te ro-se ma-jes-tu-eu-se dont le co-lo-ris est si vif et si doux ; cet-te bel-le fleur, c'est toi. Ce pe-tit bou-ton que tu vois au des-sous, c'est ton Eu-cha-ris. » Vir-gi-ni-e, na-tu-rel-le-ment ti-mi-de et mo-des-te, n'o-se es-pé-rer, en voy-ant l'ac-cueil que Ma-da-me *de Mur-vil-le* a-vait fait à la ro-se : « Bon-ne Ma-man, lui dit-el-le, voi-ci mon bou-quet. Il n'est pas aus-si bril-lant que la ti-ge de ro-se, c'est un chè-vre-feuil-le ; mais je l'ai choi-si, par-ce qu'il em-bras-se les ra-meaux des ar-bres, ain-si que j'ai-me à t'em-bras-ser. » En mê-me temps, el-le se jè-te au cou de sa mè-re, en ré-pan-dant des lar-mes de joi-e et d'a-mour. Les yeux de Ma-da-me *de Mur-vil-le* a-vaient é-té frap-pés de l'é-clat de la ro-se ; la ti-ge du chè-vre-feuil-le tou-cha son cœur. El-le pro-di-gue à Vir-gi-ni-e les plus ten-dres ca-res-ses, et ses yeux se mouil-lent, com-me les si-ens, de lar-mes de joi-e et d'a-mour. Eu-cha-ris, que cet-te pré-fé-ren-ce a pi-qué-e, de-man-de à sa mè-re si el-le n'ai-me pas mi-eux sa ro-se, que le chè-vre-feuil-le de Vir-gi-ni-e. « Mes en-fants , dit Ma-da-me *de Mur-vil-le*, vos bou-quets me sont é-ga-le-ment pré-ci-eux ; mais l'es-prit , d'in-tel-li-gen-ce a-vec le cœur, con-dui-sait Eu-cha-ris, quand el-le fit choix de la ro-se , tan-dis que le cœur seul con-dui-sait la main de Vir-gi-ni-e , quand el-le se fi-xa sur la ti-ge du chè-vre-feuil-le. En par-lant ain-si, Ma-da-me *de Mur-vil-le* don-na mil-le bai-sers à la sen-si-ble Vir-gi-ni-e, ain-si qu'à l'ai-ma-ble Eu-cha-ris ; et les deux bou-quets, con-fon-dant leur par-fum, or-nè-rent à la fois son sein ma-ter-nel. Heu-reu-ses les mè-res qui ont des fil-les aus-si bon-nes, aus-si ai-man-tes que Vir-gi-ni-e et Eu-cha-ris! Heu-reu-ses les fil-les qui ont u-ne mè-re aus-si ac-com-pli-e que Ma-da-me *de Mur-vil-le !*

~~~~~~~~~~~~~~~~~~~~~~~~~~~~~~~~~~~~~

CONNAISSANCES
USUELLES.

L'u-ni-vers est un es-pa-ce im-men-se dont les bor-nes sont in-con-nu-es à l'hom-me, et qui est par-se-mé de glo-bes in-nom-bra-bles.

Le So-leil est un glo-be de feu beau-coup plus grand que la Ter-re; il sert à é-clai-rer et à vi-vi-fi-er tout ce qui l'en-vi-ron-ne. Il ne tour-ne pas au-tour de la Ter-re, cóm-me le crut Pto-lo-mé-e, as-tro-no-me É-gyp-ti-en; mais il tour-ne sur lui-mê-me: et cet-te ro-ta-ti-on du So-leil sur son a-xe se fait en vingt cinq jours, dix heu-res, et dans la di-rec-ti-on d'Oc-ci-dent en O-ri-ent.

La dis-tan-ce du So-leil à la Ter-re est d'en-vi-ron tren-te qua-tre mil-li-ons de li-eu-es.

Il y a sept Pla-nè-tes ou É-toi-les mou-van-tes qui font leur ré-vo-lu-ti-on au-tour du So-leil; ce sont *Mer-cu-re*, *Vé-nus*, *la Ter-re*, *Mars*, *Ju-pi-ter*, *Sa-tur-ne*, et *Hers-chell*. Quel-ques-u-nes de ces pla-nè-tes ont des sa-tel-li-tes, c'est à di-re des pla-nè-tes se-con-dai-res, qui font leur ré-vo-lu-ti-on au-tour
~~~~~~~~~~~~~~~~~~~~~~~~~~~~~~~~~~~~~

d'el-les. On en don-ne qua-tre à Ju-pi-ter, sept à Sa-tur-ne, six à Hers-chell, et un à la Ter-re : ce sa-tel-li-te est la Lu-ne.

La Lu-ne est la plus pe-ti-te des pla-nè-tes ; el-le est en-vi-ron à qua-tre-vingt six mil-le li-eu-es de nous ; el-le met vingt sept jours, sept heu-res, qua-ran-te trois mi-nu-tes à tour-ner au-tour de la Ter-re ; el-le em-ploi-e le mê-me temps à tour-ner sur el-le mê-me. Tan-dis qu'el-le fait sa ré-vo-lu-ti-on au-tour de la Ter-re, cel-le-ci l'en-traî-ne dans son or-bi-te au-tour du So-leil dans l'es-pa-ce d'un an. Les dif-fé-ren-tes po-si-ti-ons de la Lu-ne, par rap-port à la Ter-re, s'ap-pel-lent *phâ-ses*.

La Ter-re, qui est u-ne des sept pla-nè-tes dont nous a-vons par-lé, a deux mou-ve-ments : l'un, *di-ur-ne*, c'est à di-re d'un jour, et l'au-tre, *an-nu-el*, c'est à di-re d'un an. Par le pre-mi-er mou-ve-ment ; el-le tour-ne en vingt qua-tre heu-res sur el-le mê-me ; c'est ce qui nous don-ne le jour et la nuit, vû que la mê-me par-ti-e est tour à tour é-clai-ré-e et dans les té-nè-bres. Par le se-cond mou-ve-ment, el-le tour-ne au-tour du So-leil dans l'es-pa-ce d'un an ; et c'est de ce mou-ve-ment an-nu-el, que nais-sent les Sai-sons.

Un *an* est l'es-pa-ce de dou-ze mois ; il ren-fer-me trois cents soi-xan-te cinq jours, cinq heu-res, qua-ran-te neuf mi-nu-tes. Les dou-ze mois de l'an-né-e sont : *Jan-vi-er*, *Fé-vri-er*, *Mars*, — *A-vril*, *Mai*, *Juin*, — *Juil-let*, *A-oût*, *Sep-tem-bre*, — *Oc-to-bre*, *No-vem-bre* et *Dé-cem-bre*.

Les Ro-mains com-men-çaient l'an-né-e par le mois de Mars.

Un *mois* ren-fer-me qua-tre se-mai-nes et quel-ques jours.

U-ne *se-mai-ne* com-prend sept jours qui sont : *lun-di*, *mar-di*, *mer-cre-di*, *jeu-di*, *ven-dre-di*, *sa-me-di* et *di-man-che*. Les Chré-ti-ens com-men-cent la se-mai-ne par le Di-man-che; les Juifs, par le Sa-me-di; et les Ma-ho-mé-tans, par le Ven-dre-di.

Un *jour* ren-fer-me vingt qua-tre heu-res. Le *jour* a qua-tre par-ti-es, sa-voir : le *ma-tin*, le *mi-di*, le *soir* et le *mi-nuit*.

Le *jour*, pro-pre-ment dit, est le temps qui du-re de-puis que le so-leil se lè-ve, jus-qu'à ce qu'il se cou-che.

La *nuit*, pro-pre-ment di-te, est le temps qui du-re de-puis que le so-leil se cou-che, jus-qu'à ce qu'il se lè-ve.

On nom-me *au-ro-re* la lu-mi-è-re qui pré-cè-de le le-ver du so-leil, de mê-me qu'on ap-pel-le *cré-pus-cu-le* cel-le qui suit son cou-cher.

U-ne *heu-re* est l'es-pa-ce de soi-xan-te mi-nu-tes, et cha-que *mi-nu-te* ren-fer-me soi-xan-te se-con-des.

L'*an-né-e* com-prend cin-quan-te deux se-mai-nes, ou trois cents soi-xan-te cinq jours et en-vi-ron six heu-res; el-le est, com-me nous l'a-vons dit, un es-pa-ce de dou-ze mois, qui est le temps que le so-leil met à par-cou-rir les dou-ze si-gnes du zo-di-a-que.

Le zo-di-a-que est un cer-cle que le so-leil par-court en un an. Sur ce cer-cle sont mar-qués les dou-ze si-gnes, nom-bre d'é-toi-les que l'i-ma-gi-na-ti-on des hom-mes a ré-dui-tes en for-mes d'a-ni-maux et dé-cri-tes com-me il suit : *le bé-li-er*, *le tau-reau*, *les gé-meaux*, *le can-cer*, *le li-on*, *la vi-er-ge*, *la ba-lan-ce*, *le scor-pi-on*, *le sa-git-tai-re*, *le ca-pri-cor-ne*, *le ver-seau* et *les pois-sons*.

Il y a qua-tre *sai-sons* dans l'an-né-e : le *prin-temps*, l'*é-té*, l'*au-tom-ne* et l'*hi-ver*. Cha-que sai-son du-re trois mois.

Le *prin-temps* com-men-ce le vingt-un Mars.

L'*é-té* com-men-ce le vingt-un Juin.

L'*au-tom-ne* com-men-ce le vingt-un Sep-tem-bre.

L'*hi-ver* com-men-ce le vingt-un Dé-cem-bre.

On ap-pel-le *jours ca-ni-cu-lai-res* les jours les plus chauds de l'an-né-e en-tre le dix-neuf Juil-let et le vingt-huit A-oût; on leur a don-né ce nom, par-ce que le grand chi-en, ou l'é-toi-le nom-mé-e gran-de *ca-ni-cu-le*, se lè-ve et se cou-che, pen-dant tout ce temps là, si près du so-leil, qu'il est ca-ché dans ses ray-ons.

Les jours et les nuits sont é-gaux à deux é-po-ques dif-fé-ren-tes de l'an-né-e, sa-voir au vingt ou vingt deux Mars, qui est l'é-qui-no-xe du prin-temps, et au vingt trois ou vingt qua-tre sep-tem-bre, qui est l'é-qui-no-xe de l'au-tom-ne.

Les jours les plus longs sont au vingt trois ou vingt qua-tre Juin ; c'est ce qu'on ap-pel-le sols-ti-ce d'é-té. Les jours les plus courts sont au vingt ou vingt deux Dé-cem-bre ; c'est ce qu'on nom-me sols-ti-ce d'hi-ver.

On ap-pel-le *si-è-cle*, l'es-pa-ce de cent ans.

On ap-pel-le *lus-tre*, l'es-pa-ce de cinq ans. (Ain-si comp-taient les Ro-mains.)

L'in-ter-val-le de qua-tre an-né-es s'ap-pe-lait *O-lym-pi-a-de* chez les Grecs, par-ce qu'ils cé-lé-braient, tous les qua-tre ans, les jeux O-lym-pi-ques, ain-si nom-més de la vil-le d'O-lym-pi-e, près de la-quel-le ces jeux é-taient cé-lé-brés.

～～～～～

La *Ter-re*, dont la cul-tu-re a des ef-fets si mer-veil-leux, pro-duit ces nom-breux vé-gé-taux qui nour-ris-sent tous les ê-tres a-ni-més,

ces fleurs si bel-les qui char-ment la vu-e et l'o-
do-rat. Nous lui de-vons les pi-er-res, les ar-
doi-ses, les bri-ques, les mar-bres qui sér-vent
à bâ-tir ou à or-ner nos mai-sons. C'est du sein
de la ter-re, que nous ti-rons les di-vers mé-taux
que nous em-ploy-ons pour nos be-soins, tels
que le fer, le cui-vre, le plomb, l'é-tain, l'ar-
gent, l'or, le pla-ti-ne, etc.

L'*eau* est un li-qui-de pe-sant, trans-pa-rent,
et qui est sans goût par lui-mê-me. L'eau est
d'u-ne u-ti-li-té gé-né-ra-le; el-le sert à tous les
be-soins de la vi-e; el-le peut se ré-dui-re en
gla-ce par le froid, et en va-peur par la cha-
leur.

Le *feu* est un flu-i-de pé-né-trant, fort ac-tif,
qui ma-ni-fes-te sa pré-sen-ce par u-ne sen-sa-
ti-on que nous ap-pe-lons cha-leur; il a-mol-lit
le fer, fond la ci-re, la gla-ce, et ré-si-de dans
tous les corps.

L'*air* est un flu-i-de pe-sant, sans o-deur et
sans goût, trans-pa-rent, et çé-dant au moin-dre
ef-fort. Il est ré-pan-du au-tour du glo-be ter-
res-tre, et nous est d'u-ne tel-le né-ces-si-té,
que, sans lui, nous ne pour-ri-ons pas vi-vre,
ne pou-vant pas res-pi-rer. L'air qui en-vi-ron-
ne la ter-re, s'ap-pel-le *at-mos-phè-re*.

Il y a qua-tre prin-ci-pa-les ré-gi-ons du
mon-de, qu'on ap-pel-le les qua-tre points car-
di-naux, sa-voir: le *nord* ou *sep-ten-tri-on*, le

mi-di ou *sud*, l'*o-ri-ent* ou l'*est*, l'*oc-ci-dent* ou l'*ou-est*. On comp-te qua-tre *vents* prin-ci-paux qui ti-rent leur nom des qua-tre prin-ci-pa-les ré-gi-ons du mon-de, sa-voir : le vent du *nord*, le vent du *mi-di*, le vent d'*est*, le vent d'*ou-est*.

Les *nu-a-ges* sont des a-mas de va-peurs qui se ras-sem-blent dans l'air, et qui for-ment les plui-es.

La *nei-ge* est de l'eau en va-peur, ge-lé-e par un vent froid.

La *grè-le* est de la plui-e ge-lé-e, mais par un froid plus vif.

Les *brouil-lards* sont un a-mas de va-peurs gros-si-è-res que leur pe-san-teur em-pê-che de s'é-le-ver beau-coup au des-sus de la ter-re.

La *ro-sé-e* est for-mé-e de par-ti-es d'eau très fi-nes qui s'é-lè-vent pen-dant la nuit, et re-tom-bent, le ma-tin, en u-ne plui-e dou-ce et fé-con-de qui du-re peu de temps.

L'*é-clair* est u-ne lu-mi-è-re vi-ve, pro-dui-te par les ex-ha-lai-sons en-flam-mé-es.

Le *ton-ner-re* est le bruit qui se fait dans l'air, lors-que des ma-ti-è-res com-bus-ti-bles vi-en-nent à s'en-flam-mer. Quand le feu du ton-ner-re est pous-sé vi-o-lem-ment vers la ter-re, et qu'il y fait quel-que fra-cas, on lui don-ne a-lors le nom de *fou-dre*.

L'*é-clip-se* est u-ne pri-va-ti-on to-ta-le ou

par-ti-el-le de la lu-mi-è-re du so-leil ou de la lu-ne.

~~~~~~~

On dis-tin-gue dans le cal-cul la *nu-mé-ra-ti-on* et l'*o-pé-ra-ti-on*. Par la nu-mé-ra-ti-on, on ex-pri-me des nom-bres. Par l'o-pé-ra-ti-on, on aug-men-te ou l'on di-mi-nu-e les nom-bres, pour en con-naî-tre les ré-sul-tats.

Un nom-bre est u-ne quan-ti-té com-po-sé-e de plu-si-eurs *u-ni-tés*, c'est à di-re de plu-si-eurs fois *un*. Les chif-fres sont des fi-gu-res qui ser-vent à ca-rac-té-ri-ser les nom-bres. Il y a des chif-fres a-ra-bes et des chif-fres ro-mains.

Les chif-fres a-ra-bes sont les sui-vants :

1, 2, 3, 4, 5, 6, 7, 8, 9, 0.

La der-ni-è-re de ces fi-gu-res n'a au-cu-ne va-leur par el-le-mê-me ; el-le fait va-loir dix fois plus le chif-fre qui la pré-cè-de im-mé-di-a-te-ment. Par ex-em-ple, le chif-fre 2 sui-vi d'un zé-ro, ex-pri-me *vingt*. Si le zé-ro pré-cé-dait le chif-fre 2, ce chif-fre n'ex-pri-me-rait au-cun au-tre nom-bre que ce-lui qu'il re-pré-sen-te.

Les chif-fres ro-mains sont for-més de let-tres ma-jus-cu-les.
~~~~~~~

FIGURES DES CHIFFRES.

Arabes.	Romains.	Dénomination et valeur.
1	I	un.
2	II	deux.
3	III	trois.
4	IV	qua-tre.
5	V	cinq.
6	VI	six.
7	VII	sept.
8	VIII	huit.
9	IX	neuf.
10	X	DIX.
11	XI	on-ze.
12	XII	dou-ze.
13	XIII	trei-ze.
14	XIV	qua-tor-ze.
15	XV	quin-ze.
16	XVI	sei-ze.
17	XVII	dix-sept.
18	XVIII	dix-huit.
19	XIX	dix-neuf.
20	XX	VINGT.
21	XXI	vingt-un.
22	XXII	vingt-deux.
23	XXIII	vingt-trois.
24	XXIV	vingt-qua-tre
25	XXV	vingt-cinq.

Arabes.	Romains.	Dénomination et valeur.
26	XXVI	vingt-six.
27	XXVII	vingt-sept.
28	XXVIII	vingt-huit.
29	XXIX	vingt-neuf.
30	XXX	TREN-TE.
31	XXXI	tren-te-un.
32	XXXII.	tren-te-deux.
33	XXXIII	tren-te-trois.
34	XXXIV	tren-te-qua-tre.
35	XXXV	tren-te-cinq.
36	XXXVI	tren-te-six.
37	XXXVII	tren-te-sept.
38	XXXVIII	tren-te-huit.
39	XXXIX	trent-e-neuf.
40	XL	QUA-RAN-TE.
41	XLI	qua-ran-te-un.
42	XLII	qua-ran-te-deux.
43	XLIII	qua-ran-te-trois.
44	XLIV	qua-ran-te-qua-tre.
45	XLV	qua-ran-te-cinq.
46	XLVI	qua-ran-te-six.
47	XLVII	qua-ran-te-sept.
48	XLVIII	qua-ran-te-huit.
49	XLIX	qua-ran-te-neuf.
50	L	CIN-QUAN-TE.
51	LI	cin-quan-te-un.
52	LII	cin-quan-te-deux.
53	LIII	cin-quan-te-trois,

Arabes.	Romains.	Dénomination et valeur.
54	LIV	cin-quan-te-qua-tre.
55	LV	cin-quan-te-cinq.
56	LVI	cin-quan-te-six.
57	LVII	cin-quan-te-sept.
58	LVIII	cin-quan-te-huit.
59	LIX	cin-quan-te-neuf.
60	LX	SOI-XAN-TE.
61	LXI	soi-xan-te-un.
62	LXII	soi-xan-te-deux.
63	LXIII	soi-xan-te-trois.
64	LXIV	soi-xan-te-qua-tre.
65	LXV	soi-xan-te-cinq.
66	LXVI	soi-xan-te-six.
67	LXVII	soi-xan-te-sept.
68	LXVIII	soi-xan-te-huit.
69	LXIX	soi-xan-te-neuf.
70	LXX	SOI-XAN-TE-DIX.
71	LXXI	soi-xan-te-on-ze.
72	LXXII	soi-xan-te-dou-ze.
73	LXXIII	soi-xan-te-trei-ze.
74	LXXIV	soi-xan-te-qua-tor-ze.
75	LXXV	soi-xan-te-quin-ze.
76	LXXVI	soi-xan-te-sei-ze.
77	LXXVII	soi-xan-te-dix-sept.
78	LXXVIII	soi-xan-te-dix-huit.
79	LXXIX	soi-xan-te-dix-neuf.
80	LXXX	QUA-TRE-VINGT.
81	LXXXI	qua-tre-vingt-un.

Arabes.	Romains.	Dénomination et valeur.
82	LXXXII	qua-tre-vingt-deux.
83	LXXXIII	qua-tre-vingt-trois.
84	LXXXIV	qua-tre-vingt-qua-tre.
85	LXXXV	qua-tre-vingt-cinq
86	LXXXVI	qua-tre-vingt-six.
87	LXXXVII	qua-tre-vingt-sept.
88	LXXXVIII	qua-tre-vingt-huit.
89	LXXXIX	quatre-vingt-neuf.
90	XC	QUA-TRE-VINGT-DIX.
91	XCI	qua-tre-vingt-on-ze.
92	XCII	qua-tre-vingt-douze.
93	XCIII	qua-tre-vingt-trei-ze.
94	XCIV	qua-tre-vingt-qua-tor-ze.
95	XCV	qua-tre-vingt-quin-ze.
96	XCVI	qua-tre-vingt-sei-ze.
97	XCVII	qua-tre-vingt-dix-sept.
98	XCVIII	qua-tre-vingt-dix-huit.
99	XCIX	qua-tre-vingt-dix-neuf.
100	C	CENT.
200	CC	deux cents.
300	CCC	trois cents.
400	CCCC	qua-tre cents.
500	D	cinq cents.
600	DC	six cents.
700	DCC	sept cents.
800	DCCC	huit cents.
900	DCCCC	neuf cents.
1,000	M ou CIƆ	MIL-LE.

Arabes.	Romains.	Dénomination et valeur.
1,100	MC	on-ze cents.
1,200	MCC	dou-ze cents.
1,300	MCCC	trei-ze cents.
1,400	MCCCC	qua-tor-ze cents.
1,500	MD	quin-ze cents.

Ain-si de dix en dix se re-pro-duit le zé-ro.

Dix u-ni-tés font dix. . . . . . . 10.
Dix *fois* dix font cent. . . . . . 100.
Dix *fois* cent font mil-le. . . . . 1000.
Dix *fois* mil-le font dix mil-le. . 10,000.
Dix *fois* dix mil-le font cent mil-le. 100,000.
Dix *fois* cent mil-le font mil-li-on. 1,000,000.

On voit que cha-que zé-ro dé-cu-ple le nom-bre au-quel il est a-jou-té, c'est-à-dire qu'il rend ce nombre dix fois plus grand.

BOTANIQUE.

La con-nais-san-ce des corps de la Na-tu-re,
la dif-fé-ren-ce de leurs ca-rac-tè-res par-ti-cu-
li-ers et leur clas-si-fi-ca-ti-on font l'ob-jet de
l'his-toi-re na-tu-rel-le. Cet-te sci-en-ce est in-
fi-ni-ment pro-pre à é-le-ver no-tre â-me aux
con-cep-ti-ons les plus su-bli-mes; el-le ex-ci-te
en nous u-ne jus-te ad-mi-ra-ti-on pour tout ce
qui est sor-ti des mains du Cré-a-teur : en un
mot, el-le n'est pas moins in-té-res-san-te,
qu'el-le est vrai-ment u-ti-le par son ap-pli-ca-
ti-on con-ti-nu-el-le aux pre-mi-ers be-soins de
la vi-e.

Tous les ê-tres qui com-po-sent le do-mai-ne
de l'his-toi-re na-tu-rel-le se par-ta-gent en deux
gran-des clas-ses. La pre-mi-è-re em-bras-se
tous les corps *bruts* ou *i-nor-ga-ni-ques*, et la
se-con-de com-prend tous les corps *vi-vants* ou
or-ga-ni-sés.

On ap-pel-le corps bruts ou i-nor-ga-ni-ques
tous les ê-tres qui sont dé-pour-vus des fa-
cul-tés de se nour-rir, de sen-tir et de se re-

4

pro-dui-re. Cet-te clas-se est con-nu-e sous le nom de *Rè-gne mi-né-ral.*

Les corps vi-vants ou or-ga-ni-sés sont au con-trai-re les ê-tres qui jou-is-sent des dif-fé-ren-tes fa-cul-tés de se nour-rir, de sen-tir et de se re-pro-dui-re. Cet-te clas-se se di-vi-se en deux or-dres : les plan-tes ou *vé-gé-taux* qui cons-ti-tu-ent le *Rè-gne vé-gé-tal,* et les a-ni-maux qui cons-ti-tu-ent le *Rè-gne a-ni-mal.*

Les mi-né-raux sont com-po-sés de par-ti-es si-mi-lai-res et i-nor-ga-ni-sé-es; ils doi-vent leur o-ri-gi-ne à u-ne ré-u-ni-on de leurs mo-lé-cu-les, pro-dui-te par le ha-sard, ou dé-ter-mi-né-e par cer-tai-nes lois par-ti-cu-li-è-res; ils s'ac-crois-sent par jux-ta-po-si-ti-on, c'est à di-re par u-ne ad-di-ti-on nou-vel-le de par-ti-es de mê-me na-tu-re. Ils n'ont ni nais-san-ce, ni ex-is-ten-ce, ni fin dé-ter-mi-né-e; et, lors-que le ha-sard ou les lois qui les ont pro-duits vi-en-nent à les dé-trui-re, leurs mo-lé-cu-les sé-pa-ré-es ser-vent à la com-po-si-ti-on d'au-tres corps sem-bla-bles.

Les vé-gé-taux sont com-po-sés de par-ti-es or-ga-ni-sé-es et de dif-fé-ren-te na-tu-re; ils doi-vent leur nais-san-ce à un ger-me; ils s'ac-crois-sent et vi-vent par in-tus-sus-cep-ti-on, c'est à di-re par u-ne as-si-mi-la-ti-on de par-ti-es, qui se fait à l'in-té-ri-eur. Ils pro-dui-sent des ger-mes qui doi-vent per-pé-tu-er leur ex-is-ten-ce dans de nou-veaux ê-tres sem-bla-bles à eux, et ils ces-sent en-fin de vi-vre a-près u-ne du-ré-e dé-ter-mi-né-e.

Les a-ni-maux sont com-po-sés de par-ti-es très com-pli-qué-es et or-ga-ni-sé-es a-vec beau-coup de fi-nes-se; ils nais-sent d'au-tres a-ni-maux sem-bla-bles à eux, s'ac-crois-sent et vi-vent par des subs-tan-ces é-tran-gè-res in-tro-dui-tes dans leur corps, sont dou-és de dif-fé-rents or-ga-nes qui les met-tent en rap-port a-vec la na-tu-re en-ti-è-re, don-nent la vi-e à d'au-tres ê-tres de la mê-me es-pè-ce; et, a-près un temps d'ex-is-ten-ce li-mi-té, ils ces-sent de vi-vre, et ren-trent sous l'em-pi-re des lois phy-si-ques et chi-mi-ques.

L'his-toi-re du rè-gne mi-né-ral a re-çu le nom de *Mi-né-ra-lo-gi-e*; cel-le du rè-gne vé-gé-tal, le nom de *Bo-ta-ni-que*; et cel-le du rè-gne a-ni-mal, le nom de *Zo-o-lo-gi-e* (1).

La Bo-ta-ni-que et la Zo-o-lo-gi-e sont les par-ti-es les plus sui-vi-es de l'his-toi-re na-tu-rel-le; la Bo-ta-ni-que sur-tout est cel-le qui a tou-jours

---

(1) La *Zoologie* est la science qui traite de tous les animaux.

comp-té le plus grand nom-bre de pro-sé-ly-tes.
Cet-te sci-en-ce ai-ma-ble pré-sen-te d'ail-leurs
au-tant d'u-ti-li-té que d'a-gré-ment. Ou-tre les
plai-sirs va-ri-és que son é-tu-de pro-cu-re, el-le
en-sei-gne en-co-re les moy-ens de fai-re ser-vir
les vé-gé-taux di-vers aux dif-fé-rents u-sa-ges de
la vi-e. Nous nous bor-ne-rons à fai-re con-
naî-tre i-ci les pre-mi-ers é-lé-ments de la Bo-
ta-ni-que.

On dis-tin-gue dans les plan-tes plu-si-eurs
par-ti-es es-sen-ti-el-les dont les ca-rac-tè-res
par-ti-cu-li-ers ser-vent à sé-pa-rer et à ré-u-nir
les vé-gé-taux en dif-fé-ren-tes clas-ses. Les par-
ti-es es-sen-ti-el-les des plan-tes sont : la ra-ci-ne,
la ti-ge, les feuil-les, les fleurs, les fruits et les
se-men-ces.

La ra-ci-ne est la par-ti-e in-fé-ri-eu-re des
vé-gé-taux ; el-le est tou-jours en-se-ve-li-e dans
un corps quel-con-que où el-le fi-xe la plan-te,
et d'où el-le ab-sor-be, à l'ai-de d'u-ne suc-ci-on
plus ou moins ac-ti-ve, u-ne subs-tan-ce pro-pre
à l'ac-crois-se-ment et à l'en-tre-ti-en du vé-gé-
tal. La for-me des ra-ci-nes est ex-trê-me-ment
va-ri-é-e, et c'est d'a-près leur fi-gu-re ou con-
for-ma-ti-on, qu'el-les ont re-çu des noms par-
ti-cu-li-ers.

La ti-ge ou le tronc dans les ar-bres est la

par-ti-e qui cons-ti-tu-e le port de la plan-te, et qui sert de sou-ti-en à tou-tes les au-tres par-ti-es. La pré-sen-ce ou l'ab-sen-ce de la ti-ge, sa for-me, sa hau-teur, etc. ser-vent à é-ta-blir des dif-fé-ren-ces par-mi les plan-tes.

Les feuil-les sont à la fois la pa-ru-re des plan-tes, et un des or-ga-nes les plus né-ces-sai-res à leur en-tre-ti-en ; el-les les dé-bar-ras-sent, par la trans-pi-ra-ti-on, d'u-ne sè-ve sur-a-bon-dan-te et de sucs su-per-flus qui leur se-raient fu-nes-tes. On ap-pel-le *pé-ti-o-le* la queu-e qui at-ta-che la feuil-le à la plan-te. Les feuil-les pré-sen-tent beau-coup de va-ri-é-té dans leur dis-po-si-ti-on, leur for-me et leur struc-tu-re. Ces ca-rac-tè-res ont ser-vi à leur fai-re don-ner dif-fé-rents noms pro-pres, à les dis-tin-guer en-tre el-les.

La fleur est la par-ti-e la plus bril-lan-te et la plus u-ti-le de la plan-te. C'est el-le qui ren-fer-me les or-ga-nes de la re-pro-duc-ti-on et les se-men-ces par les-quel-les de nou-veaux in-di-vi-dus suc-cé-de-ront au vé-gé-tal qui va pé-rir. On dis-tin-gue dans les fleurs le *ca-li-ce*, la *co-rol-le*, les *é-ta-mi-nes* et le *pis-til*. (La ti-ge qui sou-ti-ent la fleur et le fruit, s'ap-pel-le *pé-don-cu-le*.) Le ca-li-ce est la par-ti-e in-fé-ri-eu-re de la fleur, qui en-tou-re tou-tes les au-tres par-ti-es et leur sert d'en-ve-lop-pe. La co-rol-le

est la par-ti-e la plus é-cla-tan-te de la fleur par
sa beau-té et par ses cou-leurs ; el-le-com-prend
deux par-ti-es : les pé-ta-les et le nec-tai-re.
Les pé-ta-les sont des feuil-les min-ces, presque tou-jours co-lo-ré-es, et où ré-si-de or-di-
nai-re-ment l'o-deur qui s'ex-ha-le de la fleur.
Le nec-tai-re est la par-ti-e in-té-ri-eu-re de la
co-rol-le ; il n'ex-is-te pas tou-jours, et il est
des-ti-né à con-te-nir u-ne subs-tan-ce lim-pi-de
et su-cré-e qui su-in-te de la plan-te. Les é-ta-
mi-nes sont les par-ti-es mâ-les des or-ga-nes
sex-u-els des plan-tes ; el-les sont or-di-nai-re-
ment sur-mon-té-es d'un bou-ton rem-pli d'u-ne
pous-si-è-re qui sert à fé-con-der les grai-nes du
vé-gé-tal. Le pis-til est la par-ti-e fe-mel-le des
or-ga-nes sex-u-els des plan-tes ; il est pla-cé au
mi-li-eu de la co-rol-le, en-tou-ré des é-ta-mi-
nes. Sa par-ti-e su-pé-ri-eu-re, ap-pe-lé-e *stig-
ma-te*, re-çoit la pous-si-è-re fé-con-dan-te, ou
pol-len, que lais-sent é-chap-per les é-ta-mi-nes.
Cet-te pous-si-è-re pas-se à tra-vers un tu-be
creux qu'on nom-me *sty-le*, et par-vi-ent jusqu'à l'*o-vai-re* où el-le fé-con-de les se-men-ces
qui y sont con-te-nu-es. L'o-vai-re, qui ren-
fer-me les grai-nes, ac-qui-ert dans plu-si-eurs
plan-tes un vo-lu-me plus ou moins grand ; c'est
là, à pro-pre-ment par-ler, ce qu'on ap-pel-le
fruit.

Les fruits va-ri-ent à l'in-fi-ni par leur struc-

tu-re, leur for-me et leur goût. La plû-part peu-
vent ser-vir à la nour-ri-tu-re de l'hom-me et
de dif-fé-rents a-ni-maux.

La se-men-ce, ou grai-ne, est ren-fer-mé-e
dans le fruit; el-le peut ê-tre ap-pe-lé-e l'a-
bré-gé de la plan-te. C'est el-le qui ren-fer-me
tous les é-lé-ments d'un nou-veau vé-gé-tal, et
qui per-pé-tu-e son es-pè-ce par u-ne sé-ri-e de
cré-a-ti-ons nou-vel-les. La se-men-ce est en-
ve-lop-pé-e d'u-ne tu-ni-que des-ti-né-e à la
ga-ran-tir de l'im-pres-si-on des corps ex-té-
ri-eurs et à la con-ser-ver in-tac-te. Lors-que
la se-men-ce, ou grai-ne, se gon-fle à l'é-po-
que de la ger-mi-na-ti-on, cet-te tu-ni-que se
dé-chi-re d'el-le mê-me. Sous la tu-ni-que de
la se-men-ce sont or-di-nai-re-ment deux lo-bes
char-nus ap-pe-lés *co-ty-lé-dons*, au mi-li-eu
des-quels on a-per-çoit le ger-me de la plan-te;
ce ger-me est com-po-sé de deux par-ti-es ap-
pe-lé-es la *ra-di-cu-le* et la *plu-mu-le*. La ra-
di-cu-le est la par-ti-e in-fé-ri-eu-re du ger-me;
el-le se mon-tre sous la for-me d'u-ne poin-te
pro-é-mi-nen-te qui s'en-fon-ce dans la ter-re,
lors-que la tu-ni-que est dé-chi-ré-e, et el-le y
pui-se les pre-mi-ers sucs né-ces-sai-res au dé-ve-
lop-pe-ment de la plan-te. La plu-mu-le est la
par-ti-e su-pé-ri-eu-re du ger-me; el-le pré-
sen-te deux pe-ti-tes feuil-les qui con-ti-en-nent

lès é-lé-ments de la ti-ge et des par-ti-es ex-té-
ri-eu-res de la plan-te.

Pour par-ve-nir plus ai-sé-ment à la con-
nais-san-ce de ce nom-bre pro-di-gi-eux de
plan-tes qui cou-vrent la sur-fa-ce de la ter-re,
on a é-té o-bli-gé de sé-pa-rer cel-les qui offraient des dif-fé-ren-ces, et de ré-u-nir cel-les
qui a-vaient de l'a-na-lo-gi-e en-tre el-les par
plu-si-eurs ca-rac-tè-res sem-bla-bles. La di-vi-
si-on des plan-tes en di-ver-ses clas-ses cons-
ti-tu-e les *mé-tho-des bo-ta-ni-ques.* Il y a trois
prin-ci-pa-les mé-tho-des bo-ta-ni-ques : cel-le
de LIN-NÉ, qui est fon-dé-e sur les ca-rac-
tè-res dis-tinc-tifs que four-nis-sent les é-ta-
mi-nes, et qui, pour ce-la, a é-té ap-pe-lé-e
sys-tê-me sex-u-el; cel-le de TOUR-NE-FORT, qui
a pour ba-se la for-me et la dis-po-si-ti-on des
co-rol-les ; en-fin cel-le de JUS-SI-EU, qui est
é-ta-bli-e sur les ca-rac-tè-res des co-ty-lé-dons,
et se-con-dai-re-ment sur ceux des é-ta-mi-nes
et de la co-rol-le. La mé-tho-de de Lin-né est
la plus in-gé-ni-eu-se ; cel-le de Tour-ne-fort,
la plus fa-ci-le ; et cel-le de Jus-si-eu, la plus
na-tu-rel-le.

MYTHOLOGIE.

La My-tho-lo-gi-e est l'his-toi-re des Di-vi-ni-tés que les pa-ï-ens a-do-raient. Ils re-con-nais-saient les grands et les pe-tits Di-eux.

Di-eux du pre-mi-er or-dre.

Le Ci-el é-tait le plus an-ci-en des Di-eux; il é-pou-sa la Ter-re dont il eut Ti-tan et Sa-tur-ne. Le pre-mi-er cé-da à son frè-re son droit d'aî-nes-se à con-di-ti-on qu'il n'é-le-ve-rait au-cun en-fant mâ-le; en con-sé-quen-ce Sa-tur-ne dé-vo-rait tous les en-fants mâ-les qu'il a-vait de Cy-bè-le, sa fem-me et sa sœur. Cel-le-ci né-an-moins é-tant ac-cou-ché-e de Ju-pi-ter et de Ju-non, ne mon-tra que Ju-non à son ma-ri, et fit é-le-ver se-crè-te-ment Ju-pi-ter. Ti-tan ir-ri-té con-tre son frè-re mar-cha con-tre lui, le vain-quit et le mit dans les fers. Ju-pi-ter l'en dé-li-vra et le re-mit sur le trô-ne; mais ay-ant ap-pris qu'il de-vait pé-rir de sa main, il le chas-sa du Ci-el. Sa-tur-ne se re-ti-ra en I-ta-li-e où il en-sei-gna l'a-gri-cul-tu-re aux hom-mes. Le temps de son rè-gne fut ap-pe-lé l'*â-ge d'or*. Ju-pi-ter a-vait deux frè-res: Nep-tu-ne et Plu-ton; il don-na au pre-mi-er l'em-pi-re des eaux, et

* 4

au se-cond ce-lui des en-fers; il gar-da pour lui l'em-pi-re du Ci-el. Roi de l'O-lym-pe, il eut bi-en des as-sauts à sou-te-nir. Les Gé-ants lui dé-cla-rè-rent la guer-re, mais il les fou-droy-a. Les cri-mes s'é-tant mul-ti-pli-és sur la ter-re, il fit pé-rir tous les hom-mes par le dé-lu-ge. Deu-ca-li-on et Pyr-rha fu-rent pré-ser-vés de la des-truc-ti-on gé-né-ra-le, et ils re-cré-è-rent l'es-pè-ce hu-mai-ne. = Ju-non é-tait sœur et é-pou-se de Ju-pi-ter. Son hu-meur fi-è-re et vin-di-ca-ti-ve lui sus-ci-ta bi-en des maux. Un jour el-le as-sis-tait a-vec Pal-las et Vé-nus aux nô-ces de Thé-tis et de Pé-lé-e. La Dis-cor-de je-ta sur la ta-ble u-ne pom-me d'or a-vec cet-te ins-crip-ti-on *à la plus bel-le*. Le troy-en Pâ-ris fut choi-si pour ad-ju-ger cet-te pom-me à cel-le qui l'em-por-tait par sa beau-té. Vé-nus, qui lui pa-rut la plus bel-le, l'ob-tint; Ju-non s'en ir-ri-ta, et el-le ne put ja-mais par-don-ner aux Troy-ens l'ou-tra-ge que Pâ-ris lui a-vait fait. Ju-non pré-si-dait aux ma-ri-a-ges et aux ac-cou-che-ments. = A-pol-lon, fils de Ju-pi-ter et de La-to-ne, na-quit dans l'î-le de Dé-los. Il eut un fils, nom-mé Es-cu-la-pe, qui, en sa qua-li-té de Di-eu de la mé-de-ci-ne, ren-dit la vi-e à Hip-po-ly-te, fils de Thé-sé-e. Ju-pi-ter in-di-gné de cet-te ac-ti-on, fou-droy-a Es-cu-la-pe. A-pol-lon, pour s'en ven-ger, tu-a les Cy-clo-pes qui a-vaient for-gé les fou-dres. Chas-sé du Ci-el, il se re-ti-ra chez Ad-mè-te, roi de Thes-sa-li-e, dont il gar-da les trou-peaux. Ay-ant é-té rap-pe-lé dans l'O-lym-pe, il fut char-gé de con-dui-re le char du So-leil ; c'est pour-quoi on le nom-mait Phé-bus ou pè-re du jour. A-pol-lon est re-gar-dé com-me le Di-eu de la po-é-si-e et de la mu-si-que. On dit qu'il ha-bi-tait le mont Hé-li-con a-vec les Mu-ses qui sont au nom-bre de neuf, sa-voir : Cli-o, mu-se de l'his-toi-re ; Mel-po-mè-ne, de la tra-gé-di-e ; Tha-li-e, de la co-mé-di-e ; Cal-li-o-pe, de la po-é-si-e hé-ro-ï-que ; Terp-si-cho-re, de la dan-se ; Eu-ter-pe, de la mu-si-que ; E-ra-to, de la po-é-si-e ly-ri-que ; U-ra-ni-e, de l'as-tro-no-mi-e ; Po-lym-ni-e, de la rhé-to-ri-que. = Di-a-ne é-tait sœur d'A-pol-lon ; el-le ha-bi-tait les bois où el-le pour-sui-vait les bê-tes, ar-mé-e d'un car-quois rem-pli de flè-ches. El-le chas-sa de sa com-pa-gni-e la nym-phe Ca-lis-to qui s'é-tait con-dui-te a-vec trop peu de ré-ser-ve. On l'ap-pe-lait Phé-bé ou la Lu-ne dans le Ci-el, Di-a-ne sur la ter-re, Hé-ca-te dans les en-fers. = Bac-chus, fils de Ju-pi-ter et de Sé-mé-lé, et le plus vail-lant des Di-eux, fut é-le-vé par le vi-eux Si-lè-ne qui l'ac-com-pa-gna dans les In-des dont il fit la con-quê-te. Ce fut lui qui plan-ta la vi-gne : aus-si est-il re-gar-dé com-me le Di-eu du vin. Ses fê-tes é-taient cé-lé-bré-es par les Bac-chan-tes qui cou-raient çà et là, ar-mé-es de thyr-ses et de flam-beaux. = Mer-cu-re, fils de

Ju-pi-ter et de Ma-ï-a, é-tait le mes-sa-ger des Di-eux, com-me I-ris é-tait la mes-sa-gè-re de Ju-non. On le re-gar-dait com-me le Di-eu de l'é-lo-quen-ce, du com-mer-ce et des fi-lous. Il con-dui-sait les â-mes dans les en-fers, et les en ra-me-nait quand il le fal-lait. On le re-pré-sen-te a-vec des aî-les à la tê-te et aux ta-lons, por-tant en main un ca-du-cé-e (c'é-tait u-ne ba-guet-te en-tou-ré-e de deux ser-pents). ═ Vé-nus , dé-es-se de la beau-té , na-quit de l'é-cu-me de la mer. Tous les Di-eux vou-lu-rent l'é-pou-ser ; mais Ju-pi-ter la don-na à Vul-cain , Di-eu du feu, pour prix des ser-vi-ces qu'il lui a-vait ren-dus en for-geant ses fou-dres. El-le fut mè-re du di-eu Cu-pi-don(1) qu'on re-pré-sen-te un ban-deau sur les yeux, un arc à la main, et un car-quois rem-pli de flè-ches. Vé-nus est as-si-se sur un char traî-né par des co-lom-bes ; son fils et les trois Grâ-ces (A-gla-é , Tha-li-e et Eu-phro-si-ne) sont à ses cô-tés. ═ Mi-ner-ve, fil-le de Ju-pi-ter, pas-se pour la Dé-es-se de la sa-ges-se et des beaux arts. On l'ap-pel-le aus-si Pal-las , et, sous ce nom, el-le est re-gar-dé-e com-me la Dé-es-se de la guer-re. Ce fut Mi-ner-ve qui don-na son nom à la vil-le d'A-thè-nes. On la re-pré-sen-te a-vec u-ne bran-che d'o-li-vi-er, sym-bo-le de la paix, par-ce qu'el-le fit sor-tir de

______

(1) Ou l'Amour.

ter-re un o-li-vi-er tout fleu-ri. El-le a-vait à Troi-e un tem-ple fa-meux où é-tait le *pal-la-di-um*, sta-tu-e qui, di-sait-on, s'é-tait pla-cé-e d'el-le mê-me sur l'au-tel. Les Grecs ne pou-vaient pas pren-dre la vil-le de Troi-e sans en-le-ver au-pa-ra-vant le pal-la-di-um; U-lys-se et Di-o-mè-de l'ay-ant en-le-vé, Troi-e fut pri-se et sac-ca-gé-e. = Mars, fils de Ju-non, est re-gar-dé com-me le Di-eu de la guer-re; les Ro-mains le croy-aient pè-re de Ro-mu-lus, et lui ren-daient de grands hon-neurs. Ils l'ap-pe-laient *Gra-di-vus* en temps de guer-re, et *Qui-ri-nus* en temps de paix. La sœur de Mars é-tait Bel-lo-ne, qui l'ac-com-pa-gnait à la guer-re, et lui pré-pa-rait son char fou-droy-ant. = Vul-cain, fils de Ju-pi-ter et de Ju-non, é-tait d'u-ne tel-le dif-for-mi-té, que Ju-pi-ter, aus-si-tôt a-près sa nais-san-ce, le je-ta dans l'î-le de Lem-nos. Il se cas-sa la jam-be en tom-bant, de sor-te qu'il é-tait boî-teux. Son pè-re le char-gea de for-ger ses fou-dres. Il a-vait des for-ges à Lem-nos, à Li-pa-ri et sur le mont Et-na; il é-tait ai-dé dans ses tra-vaux par les Cy-clo-pes qui n'a-vaient qu'un œil au mi-li-eu du front. = Cé-rès, fil-le de Sa-tur-ne et de Cy-bè-le, pré-si-dait à l'a-gri-cul-tu-re. Plu-ton a-yant ra-vi Pro-ser-pi-ne, sa fil-le, el-le la cher-cha vai-ne-ment nuit et jour. Des-cen-du-e aux en-fers, el-le l'y re-trou-va en-fin; mais Pro-ser-

pi-ne ne vou-lut point quit-ter son ma-ri. Cé-
rès s'en é-tant plain-te à Ju-pi-ter, ce Di-eu
or-don-na que Pro-ser-pi-ne pas-se-rait six mois
de l'an-né-e a-vec son ma-ri, et six mois a-vec
sa mè-re. Cé-rès é-tait in-vo-qué-e com-me la
Dé-es-se des mois-sons. = Nep-tu-ne, fils de
Sa-tur-ne et de Cy-bè-le, a-vait l'em-pi-re de
la mer; il é-pou-sa Am-phi-tri-te, de la-quel-le
il eut l'O-cé-an, les Tri-tons et les Har-pi-es.
L'O-cé-an, pè-re des fleu-ves, é-pou-sa Thé-
tys dont il eut Pro-té-e, Né-ré-e et Do-ris.
Né-ré-e é-pou-sa Do-ris sa sœur; il eut d'el-le
beau-coup de fil-les qu'on ap-pel-le Nym-phes,
sa-voir : les Né-ré-i-des qui ha-bi-taient la mer;
les Na-i-a-des qui pré-si-daient aux ri-vi-è-res
et aux fon-tai-nes ; les Dry-a-des qui de-meu-
raient dans les cam-pa-gnes. = Plu-ton, fils
de Sa-tur-ne et de Cy-bè-le, é-tait le Di-eu des
en-fers. Son em-pi-re com-pre-nait l'E-ly-sé-e
et le Tar-ta-re. L'E-ly-sé-e é-tait le sé-jour de
ceux qui a-vaient bi-en vé-cu sur la ter-re; le
Tar-ta-re é-tait la de-meu-re des mé-chants;
Cer-bè-re, chi-en à trois tê-tes, la dé-fen-dait
jour et nuit. Les Fu-ri-es, ou Eu-mé-ni-des,
qui in-fli-geaient des pei-nes aux mé-chants,
é-taient A-lec-to, Mé-gè-re et Ti-si-pho-ne. On
voy-ait dans les en-fers les trois Par-ques char-
gé-es de fi-ler la des-ti-né-e des hom-mes (Clo-
tho, La-ché-sis et A-tro-pos.) Par-mi les mé-

chants tour-men-tés par les Fu-ri-es, é-taient
Si-sy-phe, Tan-ta-le, I-xi-on, les Da-na-
ï-des, etc. Si-sy-phe é-tait con-dam-né à rou-
ler per-pé-tu-el-le-ment un ro-cher. Tan-ta-le
dé-vo-ré de soif ne pou-vait boi-re l'eau dont
il é-tait en-tou-ré. I-xi-on é-tait at-ta-ché sur
u-ne rou-e qui tour-nait sans ces-se. Les Da-
na-ï-des de-vaient rem-plir d'eau un ton-neau
per-cé. Cinq fleu-ves en-vi-ron-naient les en-
fers : le Styx, le Co-cy-te, l'A-ché-ron, le
Lé-thé et le Phlé-gé-ton.

Di-eux du se-cond or-dre.

Les Di-eux du se-cond or-dre é-taient Pan,
qui pré-si-dait aux cam-pa-gnes; Flo-re, dé-
es-se des fleurs; Po-mo-ne, dé-es-se des fruits;
Pa-lès, dé-es-se des pâ-tu-ra-ges; Pri-a-pe,
di-eu des jar-dins; Mó-mus, di-eu de la rail-
le-ri-e; Co-mus, di-eu des fes-tins; Ter-me qui
pré-si-dait aux li-mi-tes des champs; les Pé-
na-tes, di-eux do-mes-ti-ques; les Gé-ni-es qui
pré-si-daient à tou-tes nos ac-ti-ons; les Mâ-
nes, qui é-taient les Gé-ni-es des morts.

Les pa-ï-ens ap-pe-laient De-mi-di-eux les
hé-ros qui s'é-taient si-gna-lés par de bel-les
ac-ti-ons, tels que Thé-sé-e, Her-cu-le, Per-
sé-e, Ja-son, Or-phé-e, Cad-mus, Cas-tor,
Pol-lux, etc. etc.

PRINCIPES DE LECTURE

ORATIONES (1).

In no-mi-ne Pa-tris, et Fi-li-i et Spi-ri-tûs sanc-ti. A-men.

Pa-ter nos-ter, qui es in Cœ-lis, sanc-ti-fi-ce-tur no-men tu-um; ad-ve-ni-at re-gnum tu-um; fi-at vo-lun-tas tu-a si-cut in cœ-lo et in ter-râ; pa-nem nos-trum quo-ti-di-a-num da no-bis ho-di-è; di-mit-te no-bis de-bi-ta nos-tra, si-cut et nos di-mit-ti-mus de-bi-to-ri-bus nos-tris; et ne nos in-du-cas in ten-ta-ti-o-nem, sed li-be-ra nos à ma-lo. A-men.

A-ve Ma-ri-a, gra-ti-â ple-na, Do-mi-nus te-cum; be-ne-dic-ta tu in mu-li-e-ri-bus,

____

(1) Pour ne rien laisser à désirer dans ce petit Ouvrage, autant qu'il fût possible, j'ai cru devoir ajouter des prières et des sentences écrites en latin, afin que les enfants apprissent à lire cette belle langue, ce qui s'acquiert en très peu

POUR LA LANGUE LATINE.

PRIÈRES.

Au nom du Pè-re, et du Fils, et du Saint Es-prit. Ain-si soit-il.

No-tre Pè-re, qui é-tes aux Ci-eux, que vo-tre nom soit sanc-ti-fi-é; que vo-tre rè-gne ar-ri-ve; que vo-tre vo-lon-té soit fai-te sur la ter-re com-me dans le ci-el; don-nez nous au-jour-d'hui no-tre pain quo-ti-di-en, par-don-nez nous nos of-fen-ses com-me nous par-don-nons nous mé-mes à ceux qui nous ont of-fen-sés; et ne nous lais-sez pas suc-com-ber à la ten-ta-ti-on, mais dé-li-vrez nous du mal. Ain-si soit-il.

Je vous sa-lu-e, Ma-ri-e plei-ne de grâ-ce; le Sei-gneur est a-vec vous; vous é-tes bé-ni-e

---

de temps, quand on lit bien le français. Mais il est peut-être plus important qu'on ne pense, pour la prosodie de la langue latine, qu'il n'y ait que les personnes instruites qui enseignent même à la langue

et be-ne-dic-tus fruc-tus ven-tris tu-i Je-sus.
Sanc-ta Ma-ri-a, ma-ter De-i, o-ra pro no-
bis pec-ca-to-ri-bus, nunc et in ho-râ mor-tis
nos-træ. A-men.

CRE-DO in De-um, Pa-trem om-ni-po-ten-
tem, Cre-a-to-rem cœ-li et ter-ræ, et in Je-
sum Chris-tum fi-li-um e-jus u-ni-cum Do-mi-
num nos-trum, qui con-cep-tus est de Spi-ri-tu
Sanc-to, na-tus ex Ma-ri-â Vir-gi-ne, pas-sus
sub Pon-ti-o Pi-la-to, cru-ci-fi-xus, mor-tu-us
et se-pul-tus, des-cen-dit ad In-fe-ros, ter-ti-â
di-e re-sur-re-xit à mor-tu-is, as-cen-dit ad
cœ-los, se-det ad dex-te-ram De-i pa-tris om-ni-
po-ten-tis, in-dè ven-tu-rus est ju-di-ca-re vi-vos
et mor-tu-os.

Cre-do in Spi-ri-tum Sanc-tum, Sanc-tam Ec-
cle-si-am Ca-tho-li-cam, Sanc-to-rum com-mu-
ni-o-nem, re-mis-si-o-nem pec-ca-to-rum, car-nis
re-sur-rec-ti-o-nem, vi-tam æ-ter-nam. A-men.

en-tre tou-tes les fem-mes, et Jé-sus, le fruit de
vos en-trail-les, est bé-ni. Sain-te Ma-ri-e,
mè-re de Di-eu, pri-ez pour nous pau-vres pé-
cheurs, main-te-nant et à l'heu-re de no-tre
mort. Ain-si soit-il.

Je crois en Di-eu, le pè-re tout puis-sant,
Cré-a-teur du ci-el et de la ter-re, et en Jésus-Christ son fils u-ni-que no-tre Sei-gneur,
qui a é-té con-çu du Saint Es-prit, est né de
la Vi-er-ge Ma-ri-e, a souf-fert sous Pon-ce
Pi-la-te, a é-té cru-ci-fi-é, est mort, a é-té
en-se-ve-li, est des-cen-du aux En-fers, le troi-
si-è-me jour est res-sus-cité d'en-tre les morts,
est mon-té aux ci-eux, est as-sis à la droi-te
de Di-eu le pè-re tout puis-sant, d'où il
vi-en-dra ju-ger les vi-vants et les morts.

Je crois au Saint Es-prit, à la Sain-te
E-gli-se Ca-tho-li-que, à la com-mu-ni-on des
Saints, à la ré-mis-si-on des pé-chés, à la ré-
sur-rec-ti-on de la chair, à la vi-e é-ter-nel-le.
Ain-si soit-il.

Con-fi-te-or De-o om-ni-po-ten-ti, be-a-tæ
Ma-ri-æ sem-per Vir-gi-ni, be-a-to Mi-cha-e-li
ar-chan-ge-lo, be-a-to Jo-an-ni Bap-tis-tæ,
sanc-tis a-pos-to-lis Pe-tro et Pau-lo, om-
ni-bus sanc-tis, et ti-bi, Pa-ter, qui-a pec-ca-vi
ni-mis co-gi-ta-ti-o-ne, ver-bo et o-pe-re, me-â
cul-pâ, me-â cul-pâ, me-â ma-xi-mâ cul-pâ.
I-de-ò pre-cor be-a-tam Ma-ri-am sem-per
Vir-gi-nem, be-a-tum Mi-cha-e-lem ar-chan-
ge-lum, be-a-tum Jo-an-nem Bap-tis-tam, sanc-
tos a-pos-to-los Pe-trum et Pau-lum, om-nes
Sanc-tos, et te, Pa-ter, o-ra-re pro me ad Do-
mi-num De-um nos-trum.

Mi-se-re-a-tur nos-trî om-ni-po-tens Dé-us,
et, di-mis-sis pec-ca-tis nos-tris, per-du-cat nos
ad vi-tam æ-ter-nam. A-men.

In-dul-gen-ti-am, ab-so-lu-ti-o-nem et re-
mis-si-o-nem pec-ca-to-rum nos-tro-rum tri-bu-
at no-bis om-ni-po-tens et mi-se-ri-cors Do-
mi-nus. A-men.

In no-mi-ne Pa-tris, et Fi-li-i, et Spi-ri-tûs
Sanc-ti. A-men.

JE con-fes-se à Di-eu tout puis-sant, à la bi-en-heu-reu-se Ma-ri-e tou-jours Vi-er-ge, à saint Michel ar-chan-ge, à saint Jean Bap-tis-te, aux a-pô-tres saint Pi-er-re et saint Paul, à tous les saints, et à vous, mon Pè-re, que j'ai beau-coup pé-ché par pen-sé-es, par pa-ro-les et par ac-ti-ons : c'est ma fau-te, c'est ma fau-te, c'est ma très gran-de fau-te. C'est pour-quoi je sup-pli-e la bi-en-heu-reu-se Ma-ri-e tou-jours Vi-er-ge, saint Michel ar-chan-ge, saint Jean Bap-tis-te, les a-pô-tres saint Pi-er-re et saint Paul, tous les saints, et vous, mon Pè-re, de pri-er pour moi le Sei-gneur no-tre Di-eu.

Que le Di-eu tout puis-sant nous fas-se mi-sé-ri-cor-de, et qu'a-près nous a-voir par-don-né nos pé-chés, il nous con-dui-se à la vi-e é-ter-nel-le. Ain-si soit-il.

Que le Sei-gneur tout puis-sant et mi-sé-ri-cor-di-eux nous ac-cor-de le par-don, l'ab-so-lu-ti-on et la ré-mis-si-on de tous nos pé-chés. Ain-si soit-il.

Au nom du Pè-re, et du Fils, et du Saint Es-prit. Ain-si soit-il.

TULLIANÆ SENTENTIÆ.

A-NI-MAL hoc pro-vi-dum, sa-gax, mul-ti-plex, a-cu-tum, me-mor, ple-num ra-ti-o-nis et con-si-li-i, quem vo-ca-mus *ho-mi-nem*, præ-cla-râ quâ-dam con-di-ti-o-ne ge-ne-ra-tum est à sum-mo De-o. So-lum est e-nim ex tot a-ni-man-ti-um ge-ne-ri-bus at-que na-tu-ris, par-ti-ceps ra-ti-o-nis et co-gi-ta-ti-o-nis, cùm cæ-te-ra sint om-ni-a ex-per-ti-a.

Qui se ip-se nô-rit, pri-mùm a-li-quid sen-ti-et se ha-be-re di-vi-num, in-ge-ni-um-que in se su-um, si-cut si-mu-la-crum a-li-quod, de-di-ca-tum pu-ta-bit, tan-to-que mu-ne-re De-o-rum sem-per di-gnum a-li-quid et fa-ci-et, et sen-ti-et; et cùm se ip-se pers-pe-xe-rit, to-tum-que ten-tâ-rit, in-tel-li-get quem-ad-mo-dùm à Na-tu-râ sub-or-na-tus in vi-tam ve-ne-rit, quan-ta-que ins-tru-men-ta ha-be-at ad ob-ti-nen-dam a-di-pis-cen-dam-que sa-pi-en-ti-am; quo-ni-am prin-ci-pi-o re-rum om-ni-um qua-si

PENSÉES DE CICÉRON. (1).

Un a-ni-mal dans le-quel sont pré-voy-an-ce, sa-ga-ci-té, ta-lents di-vers, pé-né-tra-ti-on, re-con-nais-san-ce, rai-son-ne-ment, ju-ge-ment, cet a-ni-mal, que nous ap-pe-lons hom-me, a é-té sin-gu-li-è-re-ment fa-vo-ri-sé par le Di-eu su-pré-me qui l'a mis au mon-de. En ef-fet, de tous les a-ni-maux, dont il y a tant d'es-pè-ces, tant de na-tu-res dif-fé-ren-tes, il est le seul qui ait re-çu en par-ta-ge la rai-son et la pen-sé-e; tous les au-tres en sont dé-pour-vus.

Tout hom-me qui se con-naî-tra, dé-cou-vri-ra en lui des tra-ces de la Di-vi-ni-té et se re-gar-de-ra com-me un tem-ple où les Di-eux ont pla-cé son â-me pour é-tre leur i-ma-ge; c'est pour-quoi il ne se per-met-tra que des sen-ti-ments et des ac-ti-ons qui ré-pon-dent à la di-gni-té de leur pré-sent i-nef-fa-ble; un sé-ri-eux ex-a-men de ce qu'il est, de ce qu'il peut, lui fe-ra com-pren-dre de quels a-van-ta-ges la Na-tu-re l'a pour-vu, et com-bi-en de se-cours lui fa-ci-li-tent l'ac-qui-si-

____

(1) On a suivi ici la traduction de l'Abbé d'Olivet.

ad-um-bra-tas in-tel-li-gen-ti-as a-ni-mo ac
men-te con-ce-pe-rit, qui-bus il-lus-tra-tus,
sa-pi-en-ti-â du-ce, bo-num vi-rum, et ob e-am
ip-sam cau-sam cer-nat se be-a-tum fo-re.

Vis ad rec-tè fac-ta vo-can-di et à pec-ca-tis
a-vo-can-di non mo-dò se-ni-or est quàm æ-tas
po-pu-lo-rum et ci-vi-ta-tum, sed æ-qua-lis
il-li-us cœ-lum ac ter-ras tu-en-tis et re-gen-tis
De-i. Ne-que e-nim es-se mens di-vi-na si-ne
ra-ti-o-ne po-test, nec ra-ti-o di-vi-na non hanc
vim in rec-tis pra-vis-que san-ci-en-dis ha-be-re.
Nec, qui-a nus-quàm e-rat scrip-tum, ut con-
tra om-nes hos-ti-um co-pi-as in pon-te u-nus
as-sis-te-ret, à ter-go-que pon-tem in-ters-cin-di
ju-be-ret, id-cir-cò mi-nùs Co-cli-tem il-lum
rem ges-sis-se tan-tam for-ti-tu-di-nis le-ge
at-que im-pe-ri-o pu-ta-bi-mus; nec, si, re-
gnan-te Tar-qui-ni-o, nul-la e-rat Ro-mæ
scrip-ta lex de stu-pris, id-cir-cò non con-tra
le-gem il-lam sem-pi-ter-nam Sex-tus Tar-qui-
ni-us vim Lu-cre-ti-æ at-tu-lit. E-rat e-nim

ti-on de la sa-ges-se. Ve-nu au mon-de a-vec des no-ti-ons gé-né-ra-les qui d'a-bord ne sont que com-me é-bau-ché-es, il ver-ra qu'en sui-vant cet-te lu-mi-è-re, gui-dé par la sa-ges-se, il se-ra hom-me de bi-en et con-sé-quem-ment heu-reux.

Il y a dans l'hom-me u-ne puis-san-ce qui le por-te au bi-en et le dé-tour-ne du mal; el-le est non seu-le-ment an-té-ri-eu-re à la nais-san-ce des peu-ples et des vil-les, mais en-co-re aus-si an-ci-en-ne que ce Di-eu par qui le ci-el et la ter-re sub-sis-tent et sont gou-ver-nés. Car la rai-son est un at-tri-but es-sen-ti-el de l'In-tel-li-gen-ce di-vi-ne, et cet-te rai-son, qui est en Di-eu, dé-ter-mi-ne né-ces-sai-re-ment ce qui est hon-né-te ou mal-hon-né-te. Ain-si, quoi-qu'il ne fût é-crit nul-le part qu'il fal-lait qu'un hom-me, seul con-tre tou-te u-ne ar-mé-e, dé-fen-dît la tê-te d'un pont pen-dant qu'on le fe-rait rom-pre par der-ri-è-re, il n'en est pas moins vrai qu'Ho-ra-ti-us Co-clès, en fai-sant u-ne aus-si bel-le ac-ti-on, o-bé-is-sait à la loi qui nous o-bli-ge d'ê-tre cou-ra-geux; ain-si, quoi-que, du temps de Tar-quin, la loi con-tre la dé-bau-che ne fût pas en-co-re por-té-e, le fils de ce roi, en dés-ho-no-rant Lu-crè-ce, n'en pé-cha pas moins con-tre la loi qui est de tou-te é-ter-ni-té. Car l'hom-me a-vait dès lors u-ne ra-ti-o pro-fec-ta à re-rum na-tu-râ, et ad rec-tê fa-ci-en-dum im-pel-lens et à de-lic-to a-vo-cans; quæ non tùm de-ni-que in-ci-pit lex es-se, cùm scrip-ta est, sed tùm, cùm or-ta est : or-ta au-tem si-mul est cum men-te di-vi-nâ.

Quid est op-ta-bi-li-us sa-pi-en-ti-â? quid præs-tan-ti-us? quid ho-mi-ni me-li-us? quid ho-mi-ne li-be-ro di-gni-us? Hanc i-gi-tur qui ex-pe-tunt, *phi-lo-so-phi* no-mi-nan-tur; nec quid-quam a-li-ud est *phi-lo-so-phi-a*, si in-ter-pre-ta-ri li-bu-e-rit, quàm *stu-di-um sa-pi-en-ti-æ*. Sa-pi-en-ti-a au-tem est (ut à ve-te-ri-bus phi-lo-so-phis de-fi-ni-tum est) re-rum di-vi-na-rum et hu-ma-na-rum, cau-sa-rum-que, qui-bus hæ res con-ti-nen-tur, sci-en-ti-a; cu-jus au-tem stu-di-um qui vi-tu-pe-rat, haud sa-nê in-tel-li-go quid-nam sit quod lau-dan-dum pu-tet, si-qui-dem va-le-at ad be-nè be-a-tè-que vi-ven-dum.

Tan-tus est in-na-tus in no-bis co-gni-ti-o-nis a-mor et sci-en-ti-æ, ut ne-mo du-bi-ta-re pos-sit, quin ad e-as res ho-mi-num na-tu-ra nul-lo e-mo-lu-men-to in-vi-ta-ta ra-pi-a-tur. Vi-de-mus-ne ut pu-e-ri, ne ver-be-ri-bus qui-dem, à con-tem-plan-dis re-bus per-qui-ren-dis-que de-ter-re-an-tur? ut pul-si re-qui-rant, et a-li-quid sci-re se gau-de-ant? ut

rai-son qui na-tu-rel-le-ment le por-tait au
bi-en et le dé-tour-nait du mal; rai-son qui a
for-ce de loi, non du jour qu'el-le est é-cri-te,
mais du jour qu'el-le a com-men-cé : or el-le a
com-men-cé au mé-me ins-tant que l'In-tel-li-
gen-ce di-vine.

Qu'y a-t-il de plus dé-si-ra-ble que la sa-
ges-se? qu'y a-t-il de meil-leur? qu'y a-t-il de
plus a-van-ta-geux? qu'y a-t-il en-fin de plus
di-gne d'un hom-me li-bre? C'est pour-quoi
l'on don-ne le nom de phi-lo-so-phes à ceux
qui la re-cher-chent, et ce mot de phi-lo-so-
phi-e veut di-re pré-ci-sé-ment a-mour de la
sa-ges-se. Or la sa-ges-se (ain-si que les an-
ci-ans phi-lo-so-phes l'ont dé-fi-ni-e) est la con-
nais-san-ce des cho-ses di-vi-nes et hu-mai-nes,
et de ce qui cons-ti-tu-e leur na-tu-re; je ne
vois donc pas ce qu'un hom-me qui dé-dai-
gne-rait cet-te é-tu-de, pour-rait trou-ver
d'es-ti-ma-ble, puis-qu'el-le tend à nous ren-
dre gens de bi-en et heu-reux.

Tel est le dé-sir d'ap-pren-dre et de sa-voir,
a-vec le-quel nous ve-nons au mon-de, qu'il
est clair que c'est un pen-chant qui, abs-trac-
ti-on de tout a-van-ta-ge par-ti-cu-li-er, est
na-tu-rel à tous les hom-mes. Nous voy-ons
que la crain-te du châ-ti-ment ne peut mé-me
quel-que-fois em-pé-cher les en-fants d'é-tre
cu-ri-eux au point qu'ils re-vi-en-nent à la

a-li-is nar-ra-re ges-ti-ant? ut pom-pâ, lu-dis, at-que e-jus mo-di spec-ta-cu-lis te-ne-an-tur, ob e-am-que rem vel fa-mem vel si-tim per-fe-rant? Quid ve-ro? qui in-ge-nu-is stu-di-is at-que ar-ti-bus de-lec-tan-tur, non-ne vi-de-mus e-os nec va-le-tu-di-nis, nec re-i fa-mi-li-a-ris ha-be-re ra-ti-o-nem, om-ni-a-que per-pe-ti, ip-sâ co-gni-ti-o-ne et sci-en-ti-â cap-tos, et cum ma-xi-mis cu-ris et la-bo-ri-bus com-pen-sa-re e-am, quam ex dis-cen-do ca-pi-unt vo-lup-ta-tem? Mi-hi qui-dem Ho-me-rus hu-jus mo-di quid-dam vi-dis-se vi-de-tur in i-is quæ de Si-re-num can-ti-bus fin-xe-rit. Ne-que e-nim vo-cum su-a-vi-ta-te vi-den-tur, aut no-vi-ta-te quâ-dam et va-ri-e-ta-te can-tan-di re-vo-ca-re e-os so-li-tæ qui præ-ter-ve-he-ban-tur, sed qui-a mul-ta se sci-re pro-fi-te-ban-tur, ut ho-mi-nes ad e-a-rum sa-xa dis-cen-di cu-pi-di-ta-te ad-hæ-res-ce-rent.

Quæ-ret quis-pi-am: Quid! il-li ip-si sum-mi vi-ri qui-bus Ro-ma et A-the-næ glo-ri-an-tur, fu-e-runt e-ru-di-ti? Haud fa-ci-le est hoc de

char-ge, lors mê-me qu'on les a re-bu-tés.
Quel-le joi-e pour eux d'a-voir en-fin ap-pris
ce qu'ils vou-laient sa-voir, et quel-le dé-man-
geai-son de le ra-con-ter à d'au-tres ! U-ne
pom-peu-se cé-ré-mo-ni-e, des jeux pu-blics,
tout ce qui est spec-ta-cle, les en-chan-tent au
point qu'ils en souf-fri-ront la faim ou la soif.

Quoi d'é-ton-nant ? Ne voy-ons nous pas les
gens de let-tres si char-més de leurs é-tu-des,
qu'ils en ou-bli-ent leur san-té et leurs pro-
pres af-fai-res ? Pour se ren-dre sa-vants, ils
ne trou-vent ri-en de pé-ni-ble, et quel-que
grands que soient leurs tra-vaux, ils se trou-
vent bi-en dé-dom-ma-gés par le plai-sir i-nex-
pri-ma-ble qu'ils goû-tent en ac-qué-rant des
con-nais-san-ces. Je pen-se que c'est à peu
près ce qui a don-né li-eu à la fic-ti-on d'Ho-
mè-re sur le chant des Si-rè-nes. Car il pa-
raît que ce n'é-tait point par la dou-ceur de
leur voix, ni par la nou-veau-té ou la va-
ri-é-té de leurs chants, qu'el-les a-vaient cou-
tu-me d'at-ti-rer les voy-a-geurs à leur é-cueil,
mais que c'é-tait plu-tôt en leur of-frant de
par-ta-ger a-vec eux les ra-res con-nais-san-ces
dont el-les a-vaient, à les en croi-re, l'es-prit
or-né.

On me di-ra peut-ê-tre : Quoi ! ces grands
hom-mes dont A-thè-nes et Ro-me se glo-ri-
fi-ent, a-vaient donc de l'é-ru-di-ti-on ? A l'é-

om-ni-bus con-fir-ma-re, sed ta-men est cer-tum
quid res-pon-de-am. E-go mul-tos ho-mi-nes
ex-cel-len-ti a-ni-mo ac vir-tu-te fu-is-se et si-ne
doc-tri-nâ, na-tu-ræ ip-si-us ha-bi-tu pro-pè
di-vi-no, per se ip-sos et mo-de-ra-tos et
gra-ves exs-ti-tis-se fa-te-or. E-ti-am il-lud ad-
jun-go, sæ-pi-ùs ad lau-dem at-que vir-tu-tem
na-tu-ram si-ne doc-tri-nâ, quàm si-ne na-tu-râ
va-lu-is-se doc-tri-nam. At-que i-dem e-go con-
ten-do, cùm ad na-tu-ram ex-i-mi-am at-que
il-lus-trem ac-ces-se-rit ra-ti-o quæ-dam con-
for-ma-ti-o-que doc-tri-næ, tùm il-lud nes-ci-o
quid præ-cla-rum ac sin-gu-la-re so-le-re ex-
is-te-re. In-ter ve-te-res præs-tan-tis-si-mi vi-ri,
si ni-hil ad per-ci-pi-en-dam co-len-dam-que
vir-tu-tem lit-te-ris ad-ju-va-ren-tur, nun-quàm
se ad e-a-rum stu-di-um con-tu-lis-sent.

Quòd si non hic tan-tus fruc-tus os-ten-
de-re-tur, et si ex his stu-di-is de-lec-ta-ti-o
so-la pe-te-re-tur, ta-men, ut o-pi-nor, hanc
a-ni-mi re-mis-si-o-nem hu-ma-nis-si-mam ac
li-be-ra-lis-si-mam ju-di-ca-re-tis. Nam cæ-te-ræ
ne-que tem-po-rum sunt, ne-que æ-ta-tum
om-ni-um, ne-que lo-co-rum. Hæc stu-di-a
a-do-les-cen-ti-am al-unt, se-nec-tu-tem o-blec-

gard de tous, il n'est pas ai-sé de ré-pon-dre;
voi-ci né-an-moins ce que je puis ré-pon-dre
de cer-tain là des-sus. Je con-vi-ens qu'il y a
eu plu-si-eurs hom-mes d'un ra-re mé-ri-te
qui, grâ-ce à un na-tu-rel heu-reux et presque di-vin, n'ont ri-en eu à em-prun-ter de
l'é-tu-de pour de-ve-nir sa-ges et ver-tu-eux.
J'a-jou-te-rai mê-me qu'un beau na-tu-rel a
plus sou-vent ré-us-si sans l'é-tu-de, que l'é-tu-
de sans un beau na-tu-rel. Mais, d'un au-tre
cô-té, lors-qu'un hom-me qui est très heu-reu-
se-ment né, joint à cet a-van-ta-ge d'ex-cel-
len-tes é-tu-des, je sou-ti-ens que la ré-u-ni-on
de tous deux est ce qui for-me or-di-nai-re-
ment le mé-ri-te su-pé-ri-eur, le mé-ri-te
trans-cen-dant. Les plus grands hom-mes de
l'an-ti-qui-té au-raient-ils cul-ti-vé les let-tres
a-vec au-tant d'ar-deur, s'ils a-vaient ju-gé
que ce fût un se-cours i-nu-ti-le pour ac-qué-
rir la ver-tu et pour en bi-en rem-plir les de-
voirs?

Quand bi-en mê-me les let-tres ne pro-cu-
re-raient pas d'aus-si grands a-van-ta-ges,
quand bi-en mê-me on n'y cher-che-rait que
du plai-sir, au moins con-vi-en-dra-t-on, je
pen-se, qu'il n'y a pas de pas-se-temps plus
doux et plus hon-nê-te. Tous les au-tres plai-
sirs ne sont ni de tous les temps, ni de tous les
â-ges, ni de tous les li-eux. Mais les let-tres

tant, se-cun-das res or-nant, ad-ver-sis per-fu-
gi-um ac so-la-ti-um præ-bent, de-lec-tant
do-mi, non im-pe-di-unt fo-rìs, per-noc-tant
no-biscum, pe-re-gri-nan-tur, rus-ti-can-tur.
Præ-cla-rè Pla-to, be-a-tum, cu-i e-ti-am in
se-nec-tu-te con-ti-ge-rit, ut sa-pi-en-ti-am ve-
ras-que o-pi-ni-o-nes as-se-qui pos-sit !

Pu-bli-um Sci-pi-o-nem, e-um qui, pri-mus,
A-fri-ca-nus ap-pel-la-tus est, di-ce-re so-li-
tum scrip-sit Ca-to, nun-quàm se mi-nùs
o-ti-o-sum es-se, quàm cùm o-ti-o-sus, nec
mi-nùs so-lum quàm cùm so-lus es-set. Ma-
gni-fi-ca ve-rò vox, et ma-gno vi-ro ac sa-
pi-en-te di-gna, quæ de-cla-rat il-lum et
in o-ti-o de ne-go-ti-is co-gi-ta-re, et in so-
li-tu-di-ne se-cum lo-qui so-li-tum, ut ne-
que ces-sa-ret un-quàm, et in-ter-dùm col-
lo-qui-o al-te-ri-us non e-ge-ret ! I-ta-que
du-æ res quæ lan-guo-rem af-fe-runt cæ-te-
ris, il-lum a-cu-e-bant : o-ti-um et so-li-
tu-do.

Qui, non mul-tos li-be-ros, sed in-nu-

sont l'a-gré-ment de la jeu-nes-se et la joi-e de
la vi-eil-les-se; el-les nous don-nent de l'é-
clat dans la pros-pé-ri-té, et sont u-ne res-
sour-ce, u-ne con-so-la-ti-on dans l'ad-ver-
si-té; el-les font les dé-li-ces du ca-bi-net,
sans em-bar-ras-ser ail-leurs; la nuit, el-les
nous ti-en-nent com-pa-gni-e, et el-les nous
sui-vent aux champs et dans nos voy-a-ges.
Heu-reux, dit très bi-en Pla-ton, heu-reux
ce-lui qui peut, ne fût-ce mé-me que dans sa
vi-eil-les-se, par-ve-nir à é-tre sa-ge et à penser sai-ne-ment!

Ca-ton a lais-sé par é-crit que Pu-bli-us
Sci-pi-on, ce-lui qui, le pre-mi-er, por-ta le
nom d'A-fri-cain, a-vait cou-tu-me de di-re
ces pa-ro-les re-mar-qua-bles : Je ne suis ja-
mais plus oc-cu-pé, que quand je n'ai ri-en à
fai-re; je ne suis ja-mais moins seul, que
quand je suis seul. Ces bel-les pa-ro-les, si
di-gnes d'un grand hom-me, d'un hom-me
sa-ge, in-di-quent as-sez que Sci-pi-on ne con-
nais-sant pas l'oi-si-ve-té, em-ploy-ait son loi-
sir à mé-di-ter des pro-jets, et s'en-tre-te-nant
a-vec lui mé-me, n'a-vait pas be-soin de com-
pa-gni-e pour a-voir à qui par-ler. Ain-si le
man-que d'oc-cu-pa-ti-on et la so-li-tu-de,
deux cho-ses qui ren-dent les au-tres pa-res-
seux, é-taient un ai-guil-lon pour lui.

Pour-rai-je ja-mais re-gar-der com-me ri-

me-ra-bi-les cu-pi-di-ta-tes, ha-bet, quæ bre-
vi tem-po-re ma-xi-mas co-pi-as ex-hau-ri-re
pos-sint, hunc quo-mo-dò e-go ap-pel-la-bo
di-vi-tem, cùm ip-se e-ge-re se sen-ti-at ? The-
mis-to-cles, cùm con-su-le-re-tur u-trùm bo-no
vi-ro pau-pe-ri, an mi-nùs pro-ba-to di-vi-ti
fi-li-am col-lo-ca-ret : E-go ve-rò, in-quit,
ma-lo vi-rum qui pe-cu-ni-â e-ge-at, quàm
pe-cu-ni-am quæ vi-ro.

Quid est li-ber-tas ? Po-tes-tas vi-ven-di,
ut ve-lis. Quis i-gi-tur vi-vit ut vult, ni-si
qui rec-ta se-qui-tur, qui gau-det of-fi-ci-o,
cu-i vi-ven-di vi-a con-si-de-ra-ta at-que pro-
vi-sa est, qui le-gi-bus qui-dem, non prop-ter
me-tum pa-ret, sed e-as se-qui-tur at-que
co-lit, qui-a id sa-lu-ta-re ma-xi-mè es-se ju-
di-cat, qui ni-hil di-cit, ni-hil fa-cit, ni-hil
co-gi-tat de-ni-que, ni-si li-ben-ter ac li-
be-rè, cu-jus om-ni-a con-si-li-a res-que om-
nes quas ge-rit, ab ip-so pro-fi-cis-cun-tur,
e-ò-dem-que re-fe-run-tur ; nec ul-la res est
quæ plus ad e-um pol-le-at, quàm ip-si-us
vo-lun-tas at-que ju-di-ci-um ; cu-i qui-dem
e-ti-am, quæ vim ha-be-re ma-xi-mam di-ci-
tur, For-tu-na ip-sa ce-dit, quæ, si-cut sa-
pi-ens po-e-ta di-xit, su-is cu-i-que fin-gi-tur

che ce-lui qui a, je ne dis pas beau-coup d'en-fants, mais des pas-si-ons sans nom-bre ca-pa-bles d'ab-sor-ber en peu de temps les plus am-ples pa-tri-moi-nes? Non, il n'est pas ri-che, il ne sent que trop lui mê-me sa pau-vre-té. On de-man-dait à Thé-mis-to-cle le-quel il pré-fé-re-rait de deux hom-mes qui re-cher-chaient sa fil-le, dont l'un é-tait pau-vre, mais hom-me de bi-en, et l'au-tre ri-che, mais d'u-ne pro-bi-té é-qui-vo-que : J'ai-me mi-eux, ré-pon-dit-il, un hom-me sans ar-gent, que de l'ar-gent sans un hom-me.

Qu'est-ce qu'ê-tre li-bre? C'est pou-voir vi-vre com-me on veut. Or quel est ce-lui qui vit com-me il veut, si ce n'est le ci-toy-en qui est gui-dé par la rai-son, qui ai-me son de-voir, qui a son plan de vi-e fait a-vec ré-flex-i-on, qui o-bé-it aux lois, non par crain-te, mais par sou-mis-si-on et a-vec res-pect, par-ce qu'il sait que le sa-lut en dé-pend es-sen-ti-el-le-ment, qui ne dit ri-en, ne fait ri-en, ne mé-di-te ri-en, que de son goût et de son plein con-sen-te-ment, qui pen-se et a-git tou-jours de sa vo-lon-té, sans au-tre but que de l'ac-com-plir, et sans que ri-en au mon-de soit ca-pa-ble de l'en-ga-ger à se gou-ver-ner au-tre-ment qu'il ne veut et qu'il ne croit le de-voir? Quel-que puis-san-te que l'on croi-e la For-tu-ne, el-le n'a point d'em-pi-re sur lui; car,

mo-ri-bus ? So-li i-gi-tur hoc con-tin-git ho-
mi-ni ve-rè li-be-ro, ut ni-hil fa-ci-at in-vi-tus,
ni-hil do-lens, ni-hil co-ac-tus.

Ro-ma-næ du-o-de-cim Ta-bu-læ, cùm per-
pau-cas res ca-pi-te san-xis-sent, in his hanc
quo-que san-ci-en-dam pu-ta-ve-runt : si quis
ac-cen-ta-vis-set, si-ve car-men con-di-dis-set
quod in-fa-mi-am af-fer-ret fla-gi-ti-um-ve al-
te-ri. Præ-cla-rè ; ju-di-ci-is e-nim ac Ma-gis-
tra-tu-um dis-cep-ta-ti-o-ni-bus le-gi-ti-mis
pro-po-si-tam vi-tam, non po-e-ta-rum in-ge-
ni-is, ha-be-re de-be-mus, nec pro-brum au-
di-re, ni-si e-â le-ge, ut res-pon-de-re li-ce-at
et ju-di-ci-o de-fen-de-re.

Il-le qui-dem prin-ceps in-ge-ni-i et doc-
tri-næ Pla-to, tùm de-ni-que fo-re be-a-tas
Res-pu-bli-cas pu-ta-vit, si doc-ti sa-pi-en-tes-
que ho-mi-nes e-as re-ge-re cœ-pis-sent, aut
i-i qui re-ge-rent, om-ne su-um stu-di-um
in doc-tri-nâ ac sa-pi-en-ti-â col-lo-câs-sent.
Hanc con-junc-ti-o-nem vi-de-li-cet po-tes-ta-
tis ac sa-pi-en-ti-æ, sa-lu-ti rec-tè cen-su-it
ci-vi-ta-ti-bus es-se pos-se.

So-cra-tes, cùm es-set ex e-o quæ-si-tum,
Ar-che-la-um, qui tunc for-tu-na-tis-si-mus

nom-me l'a dit un po-è-te sen-sé, cha-cun
par son pro-pre ca-rac-tè-re se fait sa for-
tu-ne. Il s'en suit que l'hom-me vrai-ment
li-bre est le seul qui ne se trou-ve ja-mais ex-
po-sé à ri-en fai-re par for-ce ou à re-gret.

Par-mi les cas pu-nis-sa-bles de mort que
les dou-ze Ta-bles ro-mai-nes res-trei-gnent à
un très pe-tit nom-bre, ce-lui-ci en est un : de
chan-ter ou de com-po-ser des vers, soit in-ju-
ri-eux, soit dif-fa-ma-toi-res. Cet-te loi est
fort sa-ge ; en ef-fet, c'est à la jus-ti-ce, c'est
aux Ma-gis-trats que nous som-mes res-pon-
sa-bles de no-tre con-dui-te, et non aux ca-
pri-ces d'un po-è-te. On ne peut at-ta-quer
no-tre hon-neur, que de-vant un tri-bu-nal
où il nous soit per-mis de ré-pon-dre pour
nous dé-fen-dre.

Pla-ton, ce sa-vant hom-me, ce gé-ni-e ex-
tra-or-di-nai-re, di-sait que les Gou-ver-ne-
ments ne se-raient en-fin heu-reux, que quand
on choi-si-rait des hom-mes sa-ges et ins-truits
pour les gou-ver-ner, ou quand la sa-ges-se
et l'ins-truc-ti-on se-raient la seu-le é-tu-de,
l'u-ni-que ob-jet de ceux qui ad-mi-nis-trent.
Il pré-ten-dait a-vec rai-son que, pour o-pé-
rer le sa-lut pu-blic, il faut que la sa-ges-se
et la for-ce se trou-vent ré-u-ni-es.

On de-man-dait à So-cra-te si Ar-ché-la-us,
qui pas-sait a-lors pour l'hom-me du mon-de

ha-be-re-tur, non-ne be-a-tùm pu-ta-ret. Haud
sci-o, in-quit; nun-quàm e-nim cum e-o col-lo-
cu-tus sum. A-in' tu? an tu a-li-ter id sci-re non
po-tes? Nul-lo mo-do. Tu i-gi-tur ne de Per-
sa-rum qui-dem re-ge ma-gno po-tes di-ce-re
be-a-tus-ne sit? An e-go pos-sum, cùm i-gno-
rem quàm sit doc-tus, quàm vir bo-nus? Quid!
tu in e-o si-tam vi-tam be-a-tam pu-tas? I-tà
pror-sùs ex-is-ti-mo, bo-nos, be-a-tos; im-pro-
bos, mi-se-ros. Mi-ser er-gò Ar-che-la-us? Cer-
tè, si in-jus-tus.

le plus heu-reux, é-tait heu-reux en ef-fet. Je n'en sais ri-en, dit-il, car je ne lui ai ja-mais par-lé. Quoi! vous n'a-vez point d'au-tre rè-gle pour en ju-ger? Au-cu-ne. Vous ne pour-ri-ez donc pas di-re non plus si le grand roi de Per-se est heu-reux? Eh! le pour-rais-je puis-que j'i-gno-re à quel point il est sa-vant et hom-me de bi-en? Pré-ten-dez vous que ce soit là ce qui fait la fé-li-ci-té? Oui sans dou-te; je crois les gens de bi-en heu-reux; et les mé-chants mal-heu-reux. Ar-ché-la-us l'est donc? Oui cer-tai-ne-ment, s'il est in-jus-te.

SECONDE PARTIE.

Avant d'apprendre la *Grammaire*, il convient que les enfants aient déjà parlé de beaucoup de choses.

En leur enseignant la *Géographie*, il sera bon de confier à leur mémoire naissante des traits *d'histoire* à leur portée, relatifs aux pays qu'on leur montrera sur la carte, surtout ceux qui rappellent le souvenir des hommes qui ont bien mérité de leur patrie. Ce sera pour eux un éveil de curiosité, en attendant l'époque où ils pourront étudier l'histoire.

LA HARPE, *éducation publ.*

LE MANUEL DES ADOLESCENTS.

GRAMMAIRE FRANÇAISE.

La *Grammaire*, en général, enseigne à bien construire toutes les parties du discours, et à orthographier selon les règles que l'usage a établies.

La *Grammaire française* est l'art de parler et d'écrire d'une manière correcte, et conforme au génie de notre langue.

Pour parler et pour écrire, on se sert de *mots*. Les *mots* sont composés de *syllabes*, et les *syllabes* sont composées de *lettres*.

Nous avons en français vingt-cinq *lettres*, qui sont : a, b, c, d, e, f, g, h, i, j, k, l, m, n, o, p, q, r, s, t, u, v, x, y, z.

Ces lettres se divisent en *voyelles* et en *consonnes*. Il y a cinq *voyelles* qui sont *a, e, i, o, u*, auxquelles on doit ajouter *y*. Il y a dix-neuf consonnes, savoir : *b, c, d, f, g, h, j, k, l, m, n, p, q, r, s, t, v, x, z*.

Nous avons quatre sortes d'*e* : l'*e* muet, l'*é* fermé, l'*è* ouvert et l'*é* fort ouvert.

L'*e* muet est celui qui fait entendre un son sourd, comme dans ces mots : *livre, table, oncle, neveu,* etc.

L'*é* fermé est celui qu'on prononce, la bouche presque fermée, comme dans ces mots : *vérité, postérité, décédé,* etc.

L'*è* ouvert est celui qu'on prononce en ouvrant la bouche, comme dans ces mots : *très, près, accès, père, lumière, grèle,* etc.

L'*é* fort ouvert est celui qu'on prononce avec une ouverture de bouche, considérable, comme dans ces mots : *fête, tempête, honnête, fenêtre, extrême,* (voyez les accents, p. 126.)

La voyelle *y* s'emploie dans les mots où l'on veut faire entendre le son de deux *i* comme dans *moyen, joyeux,* etc. que l'on prononce comme s'il y avait *moi-ien, joi-ieux.* Elle s'emploie comme un *i* simple dans les mots tirés du grec ; tels sont les mots *hyperbole, martyre, physique, syntaxe, synonyme, système,* etc.

La lettre *h* est de deux espèces. Nous distinguons l'*h muet,* et le *h aspiré.* L'*h* muet est celui qui ne se fait pas entendre, comme dans les mots *homme, honneur, histoire, hirondelle,* etc. Tous ces mots se prononcent comme si on les écrivait ainsi : *omme, onneur, istoire, iron-delle,* etc. Le *h* aspiré est celui qui fait prononcer du gosier les mots où il se trouve; tels sont les mots suivants : *hableur, hache, hacher, hachis, haie, haillon, haine, haïr, hâle, haleter, halle, hallebarde, hameau, hanche, hanneton, harangue, haranguer, harasser, harceler, hardes, hardi, hardiesse, hareng, hargneux, haricot, harnois, harpe, hasard, haut-bois; hennir, hennissement, hérisser, héron, héros, hêtre, heurter; hibou, hideux, hie, hiérarchie; hochet, Hollande, Hongrie, honnir, honte, honteux, hoquet, hormis, hors, hotte, houlette, houssard, housse, houssine; huguenot, huit, hupe, hure; hurlement, hurler.*

Les syllabes ne sont autre chose que des parties de mots ; il y a, par exemple, deux syllabes dans le mot *ver-tu;* il y en a trois dans le mot *vé-ri-té;* il y en a quatre dans le mot *mo-ra-li-té.*

Nous appelons *diphthongue* la réunion de deux sons en une seule syllabe. Ces deux sons doivent être émis en même temps, de manière néanmoins qu'ils soient distincts. Les vraies diphthongues sont *ia* (diable), *iai* (biais), *ian* (viande), *iau* (miauler), *ie* (ciel), *ié* (pitié), *ien* (rien), *ient* (patient), *ieu* (Dieu), *io* (pioche), *ion* (pion), *iou* (chiourme), *oé* (poète), *oi* (loi), *oin* (loin), *ouai* (ouais), *oue* (ouest), *ouen* (Ecouen), *oui* (ouir), *ouin* (marsouin), *ua* (équateur), *ue* (écuelle), *ui* (étui) , *uin* (quinquagésime).

Des Accents.

Les accents sont de petits signes qu'on met sur les voyelles. Il y en a de trois sortes, savoir : l'accent aigu (´) l'accent grave (`) et l'accent circonflèxe (˄).

L'accent aigu ne se met que sur l'é fermé, comme dans ces mots : *bonté, chérir, vérité, charité, péché, collége, liége, cortége, privilége, puissé-je,* etc. Mais écrivez *Norwège.*

L'accent grave se met sur l'è ouvert, comme dans ces mots : *près, succès, très, congrès, père, fièvre, modèle, espèce, frèle, siècle, grèle, célèbre, grève, brèche, règle, bègue, interprète, recèle, poète, poème, pèse, inquiète, bibliothèque, cèdre, lèpre, lèvre, sèche, remède, Athènes,* etc.

L'accent circonflèxe se met sur l'ê fort ouvert, comme dans ces mots : *bête, même, extréme,* etc. et sur toutes les voyelles longues, comme dans ces mots : *bât, mât, lâche, âtre, tâche, câble, blâmer, être, mêler, prêcher, crêche, gîte, trône, Jérôme, dépôt, rôle, côte, ôter, pôle, flûte, brûler, fraîche, aîné, paître, maître, prêtre,* etc.

La langue française est composée de neuf sortes de mots, qui sont : le *Substantif*, l'*Adjectif*, le *Pronom*, le *Verbe*, le *Participe*, l'*Adverbe*, la *Préposition*, la *Conjonction* et l'*Exclamation* (ou *Interjection*.)

DU SUBSTANTIF.

Le *Substantif* sert à nommer les personnes ou les choses, comme *Pierre*, *Paul*, *Aristide* ; *livre*, *fleur*, *vertu*, etc.

Il faut distinguer dans les substantifs le *genre* et le *nombre*.

Il y a deux genres : le *masculin* et le *féminin*. Il y a deux nombres : le *singulier* et le *pluriel*.

Un substantif est masculin ou féminin. — Il est *masculin*, quand on peut mettre devant lui le mot *un* ; il est *féminin*, quand on peut mettre devant lui le mot *une*. Ainsi *père*, *livre*, *jardin* sont des substantifs masculins, parce qu'on doit dire, un *père*, un *livre*, un *jardin* ; au lieu que *rose*, *maison*, *table* sont des substantifs féminins, parce qu'on doit dire, une *rose*, une *maison*, une *table*, etc.

Un substantif est au singulier, quand on ne parle que d'un seul, comme le *jardin*, un *lé-*

gume ; il est au pluriel, quand on parle de plusieurs, comme les *jardins*, des *légumes*, etc.

Quand un substantif est au pluriel, on ajoute ordinairement au singulier la lettre *s* : le *jardin*, les *jardins* ; la *tulipe*, les *tulipes* ; le *fruit*, les *fruits* ; l'*enfant*, les *enfants*, etc. Les substantifs qui se terminent par *au* ou *eau*, prennent *x* au pluriel : le *noyau*, le *roseau* ; les *noyaux*, les *roseaux*, etc.

DE L'ADJECTIF.

L'*Adjectif* est un mot qu'on ajoute au substantif pour le qualifier ou pour le désigner, comme *vaste*, *excellent*, *superbe*, *rond*, *noir*, *carré*, etc. On dira, par exemple, un jardin *vaste*, un légume *excellent*, une robe *superbe*, un chapeau *rond*, un œil *noir*, etc.

Quand on se contente d'exprimer la qualité d'un substantif, l'adjectif est au *positif* comme : ce jardin est *beau*. Si l'on compare deux objets ensemble, pour dire que l'un a plus en qualité que l'autre, l'adjectif est au *comparatif*, comme : votre jardin est *plus beau* que le mien. Si l'on porte la qualité au plus haut degré, l'adjectif est alors au *superlatif*, comme : ce jardin est *très beau* ; il est *le plus beau* de tous les jardins.

Les *adjectifs* ont les deux genres à la fois,

afin qu'ils puissent convenir aux substantifs tant masculins, que féminins ; car, de même qu'on dit : un *grand* jardin, de même on dit : une *grande* prairie, etc.

Les adjectifs ont aussi les deux nombres (singulier et pluriel); car on dit : un enfant *intelligent*, des enfants *intelligents*. La lettre *s* distingue ordinairement le pluriel du singulier. Les adjectifs qui se terminent par *eau*, prennent *x* au pluriel : le *beau* jardin, l'ami *nouveau* ; les *beaux* jardins, les amis *nouveaux*, etc.

~~~~~~~~

DU PRONOM.

Le *Pronom* est un mot qu'on met à la place du substantif, comme dans l'exemple suivant : le rossignol n'est pas joli, mais *il* chante agréablement. Le mot *il* est un pronom qui tient ici la place du substantif *rossignol*.

Les véritables pronoms sont ceux qui sont appelés pronoms *personnels* et pronoms *relatifs*. —Les pronoms personnels sont *je, tu, il, elle, soi* (pour le singulier); *nous, vous, ils, elles* (pour le pluriel.) Les pronoms relatifs sont *qui* ou *lequel, laquelle* (pour le singulier); *qui* ou *lesquels, lesquelles* (pour le pluriel.) Dans les phrases suivantes : *je* travaille ; *tu* joues ; *il* ou *elle* sommeille ; on craint pour *soi* ; *nous* lisons ;

6
~~~~~~~~

vous étudiez; *ils* ou *elles* dorment; les mots *je, tu, il, elle, soi, nous, vous, ils, elles,* sont des pronoms personnels. Dans ces phrases : le soleil *qui* luit; la comète *que* tu vois; Dieu *lequel* nous aimons; cette Providence *laquelle* nous adorons; les mots *qui, que, lequel, laquelle* sont des pronoms relatifs, c'est-à-dire se rapportant au substantif qui précède.

On appelle encore pronoms les mots *ce (cet), cette; celui, celle; mon, ton, son, notre; votre, leur.* Dans les phrases suivantes : *ce* palais est magnifique; *cet* arbre est touffu; *cette* maison est belle; *celui - ci* me plaît; *celle-ci* m'enchante; les mots *ce, cet, cette, celui-ci, celle-ci* sont des pronoms démons-tratifs. Dans les phrases suivantes : *mon* frère est arrivé; *ton* livre est perdu; *son* oiseau est mort; *notre* jardin a été cultivé; *votre* cons-cience est tranquille; *leur* vertu les rassure; les mots *mon, ton, son, notre, votre, leur* sont des pronoms possessifs, c'est-à-dire qui expri-ment la possession.

Les pronoms ont aussi les deux genres et les deux nombres. Exemples :

Singulier.	*Pluriel.*
Je, m. et f.	*Nous,* m. et f.
Tu, m. et f.	*Vous,* m. et f.
Il, m. *Elle,* f.	*Ils,* m. pl. *Elles,* f.
Soi, m. et f.	(point de pluriel.)

Qui, m. et f.	*Qui*, m. et f.	
Que, m. et f.	*Que*, m. et f. (1)	
Lequel, m. *La-*	*Lesquels*, m. *Les-*	
quelle, f.	*quelles*, f.	
Ce ou *Cet*, m. *Cette*, f.	*Ces*, m. et f.	
Celui, m. *Celle*, f.	*Ceux*, m. *Celles*, f.	
Mon, m. *Ma*, f.	*Mes*, m. et f.	
Ton, m. *Ta*, f.	*Tes*, m. et f.	
Son, m. *Sa*, f.	*Ses*, m. et f.	
Notre, m. et f.	*Nos*, m. et f.	
Votre, m. et f.	*Vos*, m. et f.	
Leur, m. et f.	*Leurs*, m. et f.	

DU VERBE.

Le *Verbe* est un mot qui peint un état ou une action. Le verbe par excellence est le verbe ÊTRE qui peint l'état, l'existence du sujet dont on parle. Les verbes qui expriment une action, s'appellent verbes *Actifs* : tels sont les verbes *aimer, battre, chanter, lire, prendre, recevoir,* etc.

Nous appelons *sujet* du verbe, celui ou celle qu'on peint soit existant, soit faisant une action ou la souffrant. Si je dis, par exemple, *Dieu règne,* le mot *Dieu* est le sujet du verbe *régner,* qui peint l'existence de Dieu régnant. Si je dis, *votre père gronde,* le mot *père* est sujet du

---

(1) *Que* et *dont* sont des modifications du pronom relatif QUI.

verbe *gronder* qui peint l'action de votre père. Si je dis, *l'enfant sera grondé*, le mot *enfant* est sujet du verbe *être*.

Indépendamment du *sujet*, les verbes actifs ont ordinairement un *complément*. Nous entendons par *complément* le terme où l'action aboutit. Par exemple, quand je dis : *j'ai battu le chat*, le mot *chat* est ici *complément*, parce qu'il est le terme où l'action de battre a abouti; cette action, faite par moi, est tombée sur le pauvre *chat*; il a été le patient, c'est pourquoi il est le complément du verbe *battre*, et le pronom *je* (ou *moi*) en est le sujet.

On distingue le verbe *Passif* et le verbe *Neutre*. Le verbe Passif est celui qui exprime une action soufferte par le sujet, comme *je suis aimé, nous étions battus, il a été chanté, ils avaient été lus, tu seras pris, il sera gron-dé*, etc. Le verbe Neutre est celui qui ne peut pas avoir de complément, comme *régner, lan-guir, trembler, dormir, dîner*, etc. On ne peut pas dire : régner quelqu'un, languir quelque chose, trembler quelqu'un, dormir quelqu'un, dîner quelque chose, etc. (1).

Les verbes se conjuguent. *Conjuguer* un verbe, est le réciter avec ses modes, ses temps et ses personnes.

---

(1) Le participe des verbes Neutres n'a pas de féminin; on ne dit pas *régnée, languie, tremblée, dormie, dînée*, etc.

Il y a dans les verbes quatre *modes*, c'est-à-dire quatre manières d'exprimer l'état ou l'action du sujet. Ces quatre modes sont l'*Indicatif*, l'*Impératif*, le *Subjonctif* et l'*Infinitif*.

Il y a trois *temps* naturels, savoir : le *présent*, le *passé* et le *futur*. Les autres temps se rapportent à ces trois premiers.

Il y a six *personnes*, trois pour le singulier et trois pour le pluriel. Un verbe est au singulier, quand il n'y a qu'une personne qui parle, à qui l'on parle, ou de qui l'on parle, comme *je frappe, tu frappes, il frappe*. Un verbe est au pluriel, quand il y a plusieurs personnes qui parlent, à qui l'on parle, ou de qui l'on parle, comme *nous frappons, vous frappez, ils frappent*.

Il y a quatre *conjugaisons* qui sont autant de classes dans lesquelles on peut ranger toutes les espèces de verbes. La première conjugaison renferme tous les verbes qui ont le présent de l'infinitif terminé en *er*, comme *chanter*. La deuxième conjugaison renferme tous les verbes qui ont le présent de l'infinitif terminé en *ir*, comme *dormir*. La troisième conjugaison renferme tous les verbes qui ont le présent de l'infinitif terminé en *oir*, comme *recevoir*. La quatrième conjugaison renferme tous les verbes qui ont le présent de l'infinitif terminé en *re*, comme *prendre*.

VERBE *ÉTRE.*

INDICATIF (*mode*).

PRÉSENT.

Singulier.   Je suis ,
tu es ,
il est.

Pluriel.   Nous sommes,
vous êtes ,
ils sont.

IMPARFAIT.

Singulier.   J'étais ,
tu étais ,
il était.

Pluriel.   Nous étions ,
vous étiez ,
ils étaient.

PARFAIT DÉFINI.

Singulier.   Je fus ,
tu fus ,
il fut.

Pluriel.   Nous fûmes ,
vous fûtes ,
ils furent.

PARFAIT INDÉFINI.

Singulier. J'ai été,
tu as été,
il a été.

Pluriel. Nous avons été,
vous avez été,
ils ont été.

PLUS-QUE-PARFAIT.

Singulier. J'avais été,
tu avais été,
il avait été.

Pluriel. Nous avions été,
vous aviez été,
ils avaient été.

FUTUR.

Singulier. Je serai,
tu seras,
il sera.

Pluriel. Nous serons,
vous serez,
ils seront.

FUTUR RELATIF.

Singulier. J'aurai été,
tu auras été,
il aura été.

Pluriel. Nous aurons été,
  vous aurez été,
  ils auront été.

CONDITIONNEL PRÉSENT.

Singulier. Je serais,
  tu serais,
  il serait.
Pluriel. Nous serions,
  vous seriez,
  ils seraient.

CONDITIONNEL PASSÉ.

Singulier. J'aurais été,
  tu aurais été,
  il aurait été.
Pluriel. Nous aurions été,
  vous auriez été,
  ils auraient été.

IMPÉRATIF (mode).

PRÉSENT.

Singulier. (*Point de première personne.*)
  Sois.
Pluriel. Soyons,
  Soyez.

SUBJONCTIF (mode).

PRÉSENT.

Singulier.   Que je sois,
que tu sois,
qu'il soit.

Pluriel.   Que nous soyons,
que vous soyez,
qu'ils soient.

IMPARFAIT.

Singulier.   Que je fusse,
que tu fusses,
qu'il fût.

Pluriel.   Que nous fussions,
que vous fussiez,
qu'ils fussent.

PARFAIT.

Singulier.   Que j'aie été,
que tu aies été,
qu'il ait été.

Pluriel.   Que nous ayons été,
que vous ayez eté,
qu'ils aient été.

PLUS-QUE-PARFAIT.

Singulier. Que j'eusse été,
que tu eusses été,
qu'il eût été.

Pluriel. Que nous eussions été,
que vous eussiez été,
qu'ils eussent été.

INFINITIF (*mode*).

PRÉSENT.

Être.

PARFAIT.

Avoir été.

PARTICIPE PRÉSENT.

Étant.

PARTICIPE PASSÉ.

Ayant été (1).

---

(1) *Le participe Été n'a pas de féminin.*

VERBE AUXILIAIRE *AVOIR*. *

INDICATIF (mode).

PRÉSENT.

Singulier. J'ai,
tu as,
il a.

Pluriel. Nous avons,
vous avez,
ils ont.

IMPARFAIT.

Singulier. J'avais,
tu avais,
il avait.

Pluriel. Nous avions,
vous aviez,
ils avaient.

PARFAIT DÉFINI.

Singulier. J'eus,
tu eus,
il eut.

---

* Ce verbe est appelé *auxiliaire*, du mot latin *auxilium*
(aide, secours), parce qu'il aide pour la conjugaison des
autres verbes, comme, *j'ai* été, *j'aurais* été ; *j'ai eu* lu
j'aurai chanté, etc.

Pluriel. Nous eûmes,
     vous eûtes,
     ils eurent.

PARFAIT INDÉFINI.

Singulier. J'ai eu,
     tu as eu,
     il a eu.
Pluriel. Nous avons eu,
     vous avez eu,
     ils ont eu.

PLUS-QUE-PARFAIT.

Singulier. J'avais eu,
     tu avais eu,
     il avait eu.
Pluriel. Nous avions eu,
     vous aviez eu,
     ils avaient eu.

FUTUR.

Singulier. J'aurai,
     tu auras,
     il aura.
Pluriel. Nous aurons,
     vous aurez,
     ils auront.

FUTUR RELATIF.

Singulier.   J'aurai eu,
         tu auras eu,
         il aura eu.
Pluriel.   Nous aurons eu,
         vous aurez eu,
         ils auront eu.

CONDITIONNEL PRÉSENT.

Singulier.   J'aurais,
         tu aurais,
         il aurait.
Pluriel.   Nous aurions,
         vous auriez,
         ils auraient.

CONDITIONNEL PASSÉ.

Singulier.   J'aurais eu,
         tu aurais eu,
         il aurait eu.
Pluriel.   Nous aurions eu,
         vous auriez eu,
         ils auraient eu.

IMPÉRATIF (*mode*).

PRÉSENT.

Singulier.   (*Point de première personne.*)
         Aie.

Pluriel. Ayons,
Ayez.

SUBJONCTIF (*mode*).

PRÉSENT.

Singulier. Que j'aie,
que tu aies,
qu'il ait.
Pluriel. Que nous ayons,
que vous ayez,
qu'ils aient.

IMPARFAIT.

Singulier. Que j'eusse,
que tu eusses,
qu'il eût.
Pluriel. Que nous eussions,
que vous eussiez,
qu'ils eussent.

PARFAIT.

Singulier. Que j'aie eu,
que tu aies eu,
qu'il ait eu.
Pluriel. Que nous ayons eu,
que vous ayez eu,
qu'ils aient eu..

PLUS-QUE-PARFAIT.

Singulier. Que j'eusse eu,
que tu eusses eu,
qu'il eût eu.

Pluriel. Que nous eussions eu,
que vous eussiez eu,
qu'ils eussent eu.

INFINITIF (*mode*).

PRÉSENT.

Avoir.

PARFAIT.

Avoir eu.

PARTICIPE PRÉSENT.

Ayant.

PARTICIPE PASSÉ.

Ayant eu (1).

---

(1) Le participe Eu *fait* eue, *au féminin*, comme dans ces Exemples : la ferme que j'ai *eue* ; les fermes que j'ai *eues*,

VERBES

1. (*er.*)	2. (*ir.*)
INDICATIF (*mode*).	**INDICATIF** (*mode.*)

PRÉSENT.

Singulier.

Je chante,	Je dors,
tu chantes,	tu dors,
il chante.	il dort.

Pluriel.

Nous chantons,	Nous dormons,
vous chantez,	vous dormez ;
ils chantent.	ils dorment.

IMPARFAIT.

Je chantais,	Je dormais,
tu chantais,	tu dormais,
il chantait.	il dormait.
Nous chantions,	Nous dormions,
vous chantiez,	vous dormiez,
ils chantaient.	ils dormaient.

PARFAIT DÉFINI.

Je chantai,	Je dormis,
tu chantas,	tu dormis,
il chanta.	il dormit.
Nous chantâmes,	Nous dormîmes,
vous chantâtes,	vous dormîtes,
ils chantèrent.	ils dormirent.

CONJUGUÉS.

3. (*oir.*)

INDICATIF (*mode*).

PRÉSENT.

Singulier.

Je reçois,
tu reçois,
il reçoit.

Pluriel.

Nous recevons,
vous recevez,
ils reçoivent.

IMPARFAIT.

Je recevais,
tu recevais,
il recevait.
Nous recevions,
vous receviez,
ils recevaient.

PARFAIT DÉFINI.

Je reçus,
tu reçus,
il reçut.
Nous reçûmes,
vous reçûtes,
ils reçurent.

4. (*re.*)

INDICATIF (*mode*).

PRÉSENT.

Singulier.

Je prends,
tu prends,
il prend.

Pluriel.

Nous prenons,
vous prenez,
ils prennent.

IMPARFAIT.

Je prenais,
tu prenais,
il prenait.
Nous prenions,
vous preniez,
ils prenaient.

PARFAIT DÉFINI.

Je pris,
tu pris,
il prit.
Nous prîmes,
vous prîtes,
ils prirent.

1.

PARFAIT INDÉFINI.

J'ai chanté,
tu as chanté,
il a chanté.
Nous avons chanté,
vous avez chanté,
ils ont chanté.

PLUS-QUE-PARFAIT.

J'avais chanté,
tu avais chanté,
il avait chanté.
Nous avions chanté,
vous aviez chanté,
ils avaient chanté.

FUTUR.

Je chanterai,
tu chanteras,
il chantera.
Nous chanterons,
vous chanterez,
ils chanteront.

FUTUR RELATIF.

J'aurai chanté,
tu auras chanté,
il aura chanté.
Nous aurons chanté,
vous aurez chanté,
ils auront chanté.

2.

PARFAIT INDÉFINI.

J'ai dormi,
tu as dormi,
il a dormi.
Nous avons dormi,
vous avez dormi,
ils ont dormi.

PLUS-QUE-PARFAIT.

J'avais dormi,
tu avais dormi,
il avait dormi.
Nous avions dormi,
vous aviez dormi,
ils avaient dormi.

FUTUR.

Je dormirai,
tu dormiras,
il dormira.
Nous dormirons,
vous dormirez,
ils dormiront.

FUTUR RELATIF.

J'aurai dormi,
tu auras dormi,
il aura dormi.
Nous aurons dormi,
vous aurez dormi,
ils auront dormi.

3.

PARFAIT INDÉFINI.

J'ai reçu,
tu as reçu,
il a reçu.
Nous avons reçu,
vous avez reçu,
ils ont reçu.

PLUS-QUE-PARFAIT.

J'avais reçu,
tu avais reçu,
il avait reçu.
Nous avions reçu,
vous aviez reçu,
ils avaient reçu.

FUTUR.

Je recevrai,
tu recevras,
il recevra.
Nous recevrons,
vous recevrez,
ils recevront.

FUTUR RELATIF.

J'aurai reçu,
tu auras reçu,
il aura reçu.
Nous aurons reçu,
vous aurez reçu,
ils auront reçu.

4.

PARFAIT INDÉFINI.

J'ai pris,
tu as pris,
il a pris.
Nous avons pris,
vous avez pris,
ils ont pris.

PLUS-QUE-PARFAIT.

J'avais pris,
tu avais pris,
il avait pris.
Nous avions pris,
vous aviez pris,
ils avaient pris.

FUTUR.

Je prendrai,
tu prendras,
il prendra.
Nous prendrons,
vous prendrez,
ils prendront.

FUTUR RELATIF.

J'aurai pris,
tu auras pris,
il aura pris.
Nous aurons pris,
vous aurez pris,
ils auront pris.

1.

CONDITIONNEL PRÉSENT.

Je chanterais,
tu chanterais,
il chanterait,
Nous chanterions,
vous chanteriez,
ils chanteraient.

CONDITIONNEL PASSÉ.

J'aurais chanté,
tu aurais chanté,
il aurait chanté.
Nous aurions chanté,
vous auriez chanté,
ils auraient chanté.

IMPÉRATIF (*mode*).

PRÉSENT.

(*Point de* 1re *pers.*)
Chante.
Chantons,
chantez.

SUBJONCTIF (*mode*).

PRÉSENT.

Que je chante,
que tu chantes,
qu'il chante.
Que nous chantions,
que vous chantiez,
qu'ils chantent.

IMPARFAIT.

Que je chantasse,

2.

CONDITIONNEL PRÉSENT.

Je dormirais,
tu dormirais,
il dormirait.
Nous dormirions,
vous dormiriez,
ils dormiraient.

CONDITIONNEL PASSÉ.

J'aurais dormi,
tu aurais dormi,
il aurait dormi.
Nous aurions dormi,
vous auriez dormi,
ils auraient dormi.

IMPÉRATIF (*mode*).

PRÉSENT.

(*Point de* 1re *pers.*)
Dors.
Dormons,
dormez.

SUBJONCTIF (*mode*).

PRÉSENT.

Que je dorme,
que tu dormes,
qu'il dorme.
Que nous dormions,
que vous dormiez,
qu'ils dorment.

IMPARFAIT.

Que je dormisse,

3.

CONDITIONNEL PRÉSENT.

Je recevrais,
tu recevrais,
il recevrait.
Nous recevrions,
vous recevriez,
ils recevraient.

CONDITIONNEL PASSÉ.

J'aurais reçu,
tu aurais reçu,
il aurait reçu.
Nous aurions reçu,
vous auriez reçu,
ils auraient reçu.

IMPÉRATIF (*mode.*)

PRÉSENT.

(*Point de* 1re *pers.*)
Reçois.
Recevons,
recevez.

SUBJONCTIF (*mode*).

PRÉSENT.

Que je reçoive,
que tu reçoives,
qu'il reçoive.
Que nous recevions,
que vous receviez,
qu'ils reçoivent.

IMPARFAIT.

Que je reçusse,

4.

CONDITIONNEL PRÉSENT.

Je prendrais,
tu prendrais,
il prendrait.
Nous prendrions,
vous prendriez,
ils prendraient.

CONDITIONNEL PASSÉ.

J'aurais pris,
tu aurais pris,
il aurait pris.
Nous aurions pris,
vous auriez pris,
ils auraient pris.

IMPÉRATIF (*mode*).

PRÉSENT.

(*Point de* 1re *pers.*)
Prends.
Prenons,
prenez.

SUBJONCTIF (*mode*).

PRÉSENT.

Que je prenne,
que tu prennes,
qu'il prenne.
Que nous prenions,
que vous preniez,
qu'ils prennent.

IMPARFAIT.

Que je prisse,

1.

que tu chantasses,
qu'il chantât.
Que nous chantassions,
que vous chantassiez,
qu'ils chantassent.

PARFAIT.

Que j'aie chanté,
que tu aies chanté,
qu'il ait chanté.
Que nous ayons chanté,
que vous ayez chanté,
qu'ils aient chanté.

PLUS-QUE-PARFAIT.

Que j'eusse chanté,
que tu eusses chanté,
qu'il eût chanté.
Que nous eussions chan-
té,
que vous eussiez chanté,
qu'ils eussent chanté.

INFINITIF (*mode*).

PRÉSENT.

Chanter.

PARFAIT.

Avoir chanté.

PARTICIPE PRÉSENT.

Chantant.

PARTICIPE PASSÉ.

Ayant chanté.

2.

que tu dormisses,
qu'il dormît.
Que nous dormissions,
que vous dormissiez,
qu'ils dormissent.

PARFAIT.

Que j'aie dormi,
que tu aies dormi,
qu'il ait dormi.
Que nous ayons dormi,
que vous ayez dormi,
qu'ils aient dormi.

PLUS-QUE-PARFAIT.

Que j'eusse dormi,
que tu eusses dormi,
qu'il eût dormi.
Que nous eussions dor-
mi,
que vous eussiez dormi,
qu'ils eussent dormi.

INFINITIF (*mode*).

PRÉSENT.

Dormir.

PARFAIT.

Avoir dormi.

PARTICIPE PRÉSENT.

Dormant.

PARTICIPE PASSÉ.

Ayant dormi.

<table>
<tr><td>

3.

que tu reçusses,
qu'il reçût.
Que nous reçussions,
que vous reçussiez,
qu'ils reçussent.

PARFAIT.

Que j'aie reçu,
que tu aies reçu,
qu'il ait reçu.
Que nous ayons reçu,
que vous ayez reçu,
qu'ils aient reçu.

PLUS-QUE-PARFAIT.

Que j'eusse reçu,
que tu eusses reçu,
qu'il eût reçu.
Que nous eussions
   reçu,
que vous eussiez reçu,
qu'ils eussent reçu.

INFINITIF (*mode.*)

PRÉSENT.

Recevoir.

PARFAIT.

Avoir reçu.

PARTICIPE PRÉSENT.

Recevant.

PARTICIPE PASSÉ.

Ayant reçu.

</td><td>

4.

que tu prisses,
qu'il prît.
Que nous prissions,
que vous prissiez,
qu'ils prissent.

PARFAIT.

Que j'aie pris,
que tu aies pris,
qu'il ait pris.
Que nous ayons pris,
que vous ayez pris,
qu'ils aient pris.

PLUS-QUE-PARFAIT.

Que j'eusse pris,
que tu eusses pris,
qu'il eût pris.
Que nous eussions
   pris,
que vous eussiez pris,
qu'ils eussent pris.

INFINITIF (*mode*).

PRÉSENT.

Prendre.

PARFAIT.

Avoir pris.

PARTICIPE PRÉSENT.

Prenant.

PARTICIPE PASSÉ.

Ayant pris.

</td></tr>
</table>

VERBE NEUTRE,

Qui se conjugue avec le verbe ÊTRE.

INDICATIF (*mode*).

PRÉSENT.

Je pars,
tu pars,
il part.
Nous partons,
vous partez,
ils partent.

IMPARFAIT.

Je partais,
tu partais,
il partait.
Nous partions,
vous partiez,
ils partaient.

PARFAIT DÉFINI.

Je partis,
tu partis,
il partit.
Nous partîmes,
vous partîtes,
ils partirent.

PARFAIT INDÉFINI.

Je suis parti,
tu es parti,
il est parti.
Nous sommes partis,
vous êtes partis,
ils sont partis.

PLUS-QUE-PARFAIT.

J'étais parti,
tu étais parti,
il était parti.
Nous étions partis,
vous étiez partis,
ils étaient partis.

FUTUR.

Je partirai,
tu partiras,
il partira.
Nous partirons,
vous partirez,
ils partiront.

FUTUR RELATIF.

Je serai parti,
tu seras parti,
il sera parti.
Nous serons partis,
vous serez partis,
ils seront partis.

CONDITIONNEL PRÉSENT.

Je partirais,
tu partirais,
il partirait.
Nous partirions,
vous partiriez,
ils partiraient.

CONDITIONNEL PASSÉ.

Je serais parti,
tu serais parti,
il serait parti.
Nous serions partis,
vous seriez partis,
ils seraient partis.

IMPÉRATIF (*mode*).

PRÉSENT.

Pars.
Partons,
partez.

SUBJONCTIF (*mode*).

PRÉSENT.

Que je parte,
que tu partes,
qu'il parte.
Que nous partions,
que vous partiez,
qu'ils partent.

IMPARFAIT.

Que je partisse,
que tu partisses,
qu'il partît.
Que nous partissions,
que vous partissiez,
qu'ils partissent.

PARFAIT.

Que je sois parti,
que tu sois parti,
qu'il soit parti.
Que nous soyons partis,
que vous soyez partis,
qu'ils soient partis.

PLUS-QUE-PARFAIT.

Que je fusse parti,
que tu fusses parti,
qu'il fût parti.
Que nous fussions partis,
que vous fussiez partis,
qu'ils fussent partis.

INFINITIF (*mode*).

PRÉSENT.

Partir.

PARFAIT.

Être parti.

PARTICIPE PRÉSENT.

Partant.

PARTICIPE PASSÉ.

Étant parti.

7

DU PARTICIPE.

Le *Participe* est un mot qu'on joint au substantif, et qui peint l'état ou l'action, comme *régnant, languissant, tremblant, aimant, prenant, recevant ; aimé, pris, reçu,* etc.

Il y a deux sortes de participes : le participe présent et le participe passé. Le participe présent (*aimant, prenant, recevant,* etc.) présente le substantif comme faisant l'action. Le participe passé (*aimé, pris, reçu,* etc.) présente le substantif comme souffrant l'action. Au lieu de dire : je suis prenant, tu étais prenant, il sera prenant, etc. on a mieux aimé dire : je prends, tu prenais, il prendra, etc. ; mais on a conservé le verbe *être* avec le participe passé, quand il s'est agi de présenter le substantif comme souffrant l'action ; aussi l'on a dit, et l'on dit en deux mots : je suis pris, tu étais pris, il sera pris, etc.

Le participe passé est un véritable adjectif ; il s'accorde avec son substantif en genre et en nombre, comme : le couvert *mis*, la table *mise*, l'argent sera *reçu*, les sommes ont été *reçues*;

la ferme que j'ai *eue*, les maisons que j'ai *possédées*, etc. Cependant il y a quelques règles qu'il faut connaître pour écrire régulièrement le participe passé ; les deux principales sont celles-ci :

1°. Quand le participe passé est précédé de son substantif, il s'accorde avec lui en genre et en nombre. Exemples : Le *livre* que tu as *pris*, la *plume* que tu as *prise* ; les *couplets* que j'ai *chantés*, les *chansons* que j'ai *chantées* ; cet homme que nous avons *plaint*, cette femme que nous avons *plainte* ; le *vice* que ma sœur a toujours *détesté*, la *vertu* que mes frères auraient *chérie* ; ces jardins sont beaux, je *les* ai *parcourus* ; ces plantes sont belles, je me *les* suis *procurées* ; l'excellente princesse *que* vous avez *laissée* régner ; les bons ouvrages *que* j'ai *vu* paraître, etc.

2°. Quand le participe est suivi de son substantif, il reste invariable, c'est à dire au singulier masculin. Exemples : Tu as *pris* le *livre*, tu as *pris* la *plume* ; j'ai *chanté* les *couplets*, j'ai *chanté* les *chansons* ; nous avons *plaint* cet homme ; nous avons *plaint* cette *femme* ; ma sœur a toujours *détesté* le *vice*, mes frères auraient *chéri* la *vertu* ; ces jardins sont beaux, j'ai *parcouru eux* ; ces plantes sont belles, je me suis *procuré elles* ; vous avez *laissé* l'excellente *princesse* régner ; j'ai *vu* de bons ou- *vrages* paraître, etc. (1).

DE L'ADVERBE.

L'*Adverbe* est un mot invariable qui sert à aug- menter ou à diminuer l'action qui est exprimée par le verbe, comme *beaucoup, grandement, courageusement, peu, étroitement, lâche- ment*, etc. Il sert aussi à modifier l'adjectif et l'adverbe, comme *très* heureux, *fort* habile, *bien* heureusement, *fort* habilement.

Il y a des adverbes qui marquent la distance, le lieu, le temps, la quantité et l'ordre. Si je dis, par exemple : *venez demain me voir* ; le mot *demain* est un adverbe de temps. Si je dis : *vous jouez trop, travaillez davantage*, ces

---

(1) On ne doit pas dire : *je me suis procuré elles, j'ai par- couru eux* ; je ne me sers de ces façons de parler, que pour démontrer que le pronom m. *les* signifie *eux* (les jardins), et que, si l'on a écrit plus haut *parcourus* « je les ai parcou- rus », c'est par la raison que le participe passé *parcourus* est précédé du mot *les* qui est le substantif auquel *par- courus* se rapporte. — Dans la seconde phrase, le pro- nom f. *les* signifie *elles* (les plantes), et, si l'on a écrit plus haut *procurées* « je me les suis procurées », c'est parce que le participe passé *procurées* est précédé du mot *les* qui est le substantif auquel *procurées* se rapporte.

mots *trop* et *davantage* sont des adverbes de quantité. Si je dis : *premièrement allez là*, ces mots *premièrement* et *là* sont des adverbes, l'un d'ordre, et l'autre de lieu.

DE LA PRÉPOSITION.

La *Préposition* est un mot invariable qui, placé avant les substantifs, en marque les différents rapports, et complète les phrases. *Auprès*, *avec*, *chez*, *dans*, *entre*, *parmi*; *pour*, *près*, *sans*, etc., sont des prépositions. Si je dis, par exemple : *j'ai vécu un grand nombre d'années parmi des barbares*; le mot *parmi* est une préposition, et ce membre de phrase (*parmi des barbares*) vient ajouter à l'expression de ma pensée, consistant en ces mots : *j'ai vécu un grand nombre d'années.*

DE LA CONJONCTION.

La *Conjonction* est un mot invariable qui sert à joindre ensemble les différentes parties du discours. Les principales conjonctions sont celles-ci : *à moins que*, *car*, *cependant*, *c'est pourquoi*, *donc*, *lorsque*, *mais*, *or*, *parce que*, *pourvu que*, *puisque*, *quand*, *si*, *tandis que*, *toutes les fois que*, etc.

DE L'EXCLAMATION (1).

L'*Exclamation* est un mot invariable, un cri, pour ainsi dire, qui exprime un mouvement subit de l'âme, tels sont les mots *ah! ah! hélas! hola! ouais! oui-dà! fi!*

SIGNES ORTHOGRAPHIQUES.

La voyelle *a* ne reçoit pas d'accent dans ces manières de parler : *il a un beau cheval ; il l'a acheté fort cher ;* (*a* est ici la 3ᵉ personne du verbe *avoir*). — *a* prend l'accent grave dans ces phrases : *j'irai à la campagne ; je vous engage à m'y accompagner. Voilà un livre dangereux ; laissez-le là.* (Voyez les différentes sortes d'accents, page 126).

Les pronoms *notre* et *votre*, précédés de *le, la, les*, prennent l'accent circonflèxe : le *nôtre*, la *nôtre*, le *vôtre*, la *vôtre*, les *nôtres*, les *vôtres*.

Ou prend l'accent grave (*où*), à moins qu'il ne signifie *ou bien*. Exemples : Les champs *où*

---

(1) Ou INTERJECTION.

je me plais, Le châtiment *ou* la récompense nous attend.

L'APOSTROPHE, dont voici la figure ('), indique la suppression d'une voyelle, et sert de séparation entre deux mots, comme dans *l'hirondelle* (pour la hirondelle), *l'arbre* (pour le arbre), *j'aime* (pour je aime), *qu'il* (pour que il), *c'est* (pour ce est), *s'il* (pour si il), etc. L'apostrophe a encore lieu dans *presqu'île*, *entr'acte*, *quelqu'un*, *grand'mère*, *grand'messe*, etc.

La CÉDILLE, dont voici la figure (¸), s'emploie sous le *c*, quand on veut lui donner le son de la lettre *s* : il *balança*, j'ai *reçu*, un *hameçon*, etc.

Le TRÉMA, dont voici la figure (¨), s'emploie pour empêcher la réunion de deux voyelles qui doivent se prononcer séparément. On écrit avec un tréma *Saül*, *Caïn*, *aïeux*, *naïf*, *ciguë*, etc. ; sans le tréma, on prononcerait Sol, Cain, aieux, naif, cigue, etc.

Le TRAIT D'UNION, dont voici la figure (-), se trouve dans les substantifs composés qui ne présentent qu'une même idée, comme *arc-en-ciel*, *cerf-volant*, *chef-d'œuvre*, *entre-sol*, *tout-à-fait*, *vis-à-vis*, etc. Le trait d'union s'emploie aussi dans ces façons de parler : *viendra-t-il? venez-vous ? veillé-je ? puissé-je, nu-tête, demi-once, ci-devant*, etc., etc.

La PARENTHÈSE, dont voici la figure ( ), s'emploie dans les interpositions qui interrompent et coupent le sens, pour y répandre un plus grand jour. Exemple : La vie (qu'est-ce autre chose qu'un songe ?) doit être une continuelle méditation de la mort.

La VIRGULE, dont voici la figure (,), marque une espèce de repos qui sépare les parties principales d'une phrase.

Le POINT et VIRGULE, dont voici la figure (;), s'emploie pour séparer et pour distinguer les phrases dont se compose une période.

On se sert des DEUX POINTS, dont voici la figure (:), quand on veut éclaircir ou développer le sens de ce qui précède.

On se sert du POINT, dont voici la figure (.), quand la période est achevée, quand le sens de la phrase est entièrement fini.

On emploie le POINT INTERROGATIF, dont voici la figure (?), à la fin des phrases où l'on interroge : *que faites-vous-là? où est-il?* etc.

Enfin l'on se sert du POINT D'EXCLAMATION, dont voici la figure (!), dans les phrases où l'on exprime un mouvement de surprise, de douleur, d'admiration, etc. : *malheureux que je suis ! hélas ! quel revers inattendu ! fi ! que cela est honteux !*

HISTOIRE.

Lᴀ connaissance de l'Hɪsᴛᴏɪʀᴇ sera toujours utile aux hommes, en ce qu'elle leur donne des leçons de morale et de politique. L'Histoire nous enseigne la morale, en nous proposant des exemples de vertu, mis en opposition avec les vices. Elle nous donne des leçons de politique, en nous mettant sous les yeux le tableau de la vie publique et privée des hommes de tous les pays et de toutes les conditions.

La Chronologie et la Géographie sont les *deux yeux* de l'Histoire. La *Chronologie* est la science de l'ordre des événements. Quand on pèche contre cet ordre, c'est-à-dire quand on fait des erreurs de date, on commet des *anachronismes.* La *Géographie* est la connaissance de la position respective des royaumes, des villes et autres parties qui constituent le globe terrestre.

L'*Epoque* est un temps marqué dans l'Histoire par un grand événement auquel on rapporte tout le reste ; c'est un point fixe d'où l'on considère tout ce qui s'est passé avant et après.

L'*Ère* est à peu près la même chose que l'*époque*, car c'est aussi un point fixe. Il y a néanmoins cette différence entre *l'époque* et *l'ère*, que *l'époque* est un point déterminé par les chronologistes, au lieu que *l'ère* est un point déterminé par un peuple, par une nation.

La division de l'Histoire, la plus naturelle, est celle que nous présente le Tableau suivant des cinquante-huit siècles qui se sont écoulés depuis la création du monde jusqu'à nous. (Un siècle est l'espace de cent ans.)

Ces cinquante-huit siècles sont distingués par les événements les plus remarquables, par les découvertes et par les institutions les plus utiles à la société.

HISTOIRE ANCIENNE (1).

PREMIER SIÈCLE.

(3900 ans avant J. C.)

Désobéissance d'Adam et d'Eve, à qui Dieu, suivant la *Genèse*, avait défendu de manger

____

(1) L'Histoire ancienne contient tout le temps qui s'est écoulé depuis la création du monde jusqu'à la naissance de Jésus-Christ ; l'Histoire moderne comprend tout le temps qui s'est écoulé depuis la naissance de Jésus-Christ jusqu'à présent.

du fruit de l'arbre de la science du bien et du mal. Adam fut trompé par sa femme Eve ; Eve fut séduite par le serpent. Punition de nos premiers pères.

DEUXIÈME SIÈCLE.

(3800 avant J. C.)

Un meurtre fut commis pour la première fois. Caïn tua son frère Abel. Les hommes voulant réparer en quelque sorte les fautes qu'ils avaient commises envers Dieu, firent couler le sang des animaux, et l'offrirent en expiation de leurs crimes.

TROISIÈME SIÈCLE.

(3700 avant J. C.)

Dans ce troisième siècle, Enos, troisième fils d'Adam, établit un culte public et extérieur, pour que la Divinité fût honorée à l'avenir par les hommes rassemblés en un même lieu.

QUATRIÈME SIÈCLE.

(3600 ans avant J. C.)

Ce siècle fut sans doute celui que les poètes

ont tant célébré sous le nom *d'âge d'or*. Le printemps, disent-ils, régnait alors pendant toute l'année ; la terre produisait sans culture ; de tout côté l'on voyait couler des ruisseaux de lait et de nectar ; on ne connaissait encore ni *le mien*, ni *le tien*. — Ce que l'Ecriture raconte d'Adam et du paradis terrestre, les Anciens l'ont placé dans l'Italie et sous le règne de Saturne et de Janus.

CINQUIÈME SIÈCLE.

(3500 ans avant J. C.)

Les Patriarches qui vécurent dans ce siècle, menaient une vie douce et exempte de crime. Ils étaient tout ensemble les pères et les rois de leur famille. Heureux les peuples, s'ils avaient toujours été gouvernés par des rois aussi bons, aussi vertueux que l'étaient les Patriarches de ces temps fortunés !

SIXIÈME SIÈCLE.

(3400 ans avant J. C.)

On ne connaissait alors d'autre distinction parmi les hommes, que celle du mérite et des vertus. Une égalité parfaite régnait dans les familles ; la concorde et l'union en faisaient le bonheur. Les idées de noblesse et de fortune n'étaient pas encore venues enfler d'orgueil et de jalousie les cœurs ambitieux des malheureux mortels.

SEPTIÈME SIÈCLE.

(3300 ans avant J. C.)

Les hommes commencèrent à se former en société. Le premier état de civilisation fut celui d'une réunion peu nombreuse d'hommes subsistant de la chasse et de la pêche , ne connaissant que l'art de se creuser des logements, mais ayant déjà un langage pour se communiquer leurs besoins , et une forme grossière de gouvernement, à laquelle ils étaient assujétis.

HUITIÈME SIÈCLE.

(3200 ans avant J. C.)

Les Patriarches de ces heureux temps jouissaient d'une santé robuste , parce qu'ils étaient sobres et tempérants. On prétend qu'ils vivaient plus d'un siècle ; par-là , sans doute, on a voulu faire entendre que la sobriété et la tempérance sont les sûrs garants d'une vie longue et exempte de maux.

~~~~~~

NEUVIÈME SIÈCLE.

(3100 ans avant J. C.)

Les hommes né se bornèrent pas à la subsistance que leur procuraient la pêche et la chasse; ils cultivèrent les champs, élevèrent des troupeaux; ils firent des provisions de plantes et de fruits; ils apprirent à conserver et à multiplier les animaux qui leur fournissaient une nourriture succulente.

~~~~~~

DIXIÈME SIÈCLE.

(3000 ans avant J. C.)

On n'eut, dans les premiers temps, d'autre propriété, que celle des animaux qu'on avait tués ou pris dans des filets; la propriété s'étendit ensuite sur les champs qu'on avait défrichés et cultivés, sur les troupeaux qu'on avait élevés et multipliés. A la mort du chef, cette propriété se transmit naturellement à la famille: bientôt on fit des échanges de services; et ceux

qui étaient plus pauvres vécurent de leur tra-
vail ou de leur industrie. Ce siècle peut être
appelé l'*âge d'argent* (1).

ONZIÈME SIÈCLE.

(2900 ans avant J. C.)

Dans ce siècle pervers, la corruption des
mœurs fut portée à son comble. Les hommes
étant devenus plus méchants, Dieu, par l'or-
gane de Noé, leur fit annoncer un déluge
universel, cent vingt ans avant qu'il arrivât.

DOUZIÈME SIÈCLE.

(2800 ans avant J. C.)

Des désordres épouvantables naquirent des
indignes alliances que les familles vertueuses
contractèrent avec les familles réprouvées. Ces
mariages donnèrent le jour à des hommes qui
ne sont connus que par leurs crimes. La dépravation de ce siècle lui a fait donner le nom
d'*âge d'airain*.

---

(1) Il y a ici mille ans accomplis depuis la création
du monde.

TREIZIÈME SIÈCLE.

(2700 ans avant J. C.)

Les hommes qui dégénéraient, chaque jour, de leur première innocence, arrivèrent par degrés à cette férocité brutale qui est si connue par les traditions anciennes. La loi naturelle et l'idée si consolante de la Divinité n'étaient plus le partage que d'un fort petit nombre de Patriarches, à la tête desquels était Noé, fils de Lamech.

QUATORZIÈME SIÈCLE.

(2600 ans avant J. C.)

L'impiété, compagne ordinaire de la dépravation des mœurs, s'accrut avec les crimes des hommes qui vivaient dans ce siècle. Noé, Lamech et Mathusalem étaient, dit l'Écriture, les trois seuls Patriarches qui eussent su se garantir de la corruption générale.

QUINZIÈME SIÈCLE.

(2500 ans avant J. C.)

L'histoire rapporte que la perversité des humains fut si grande dans ce siècle, appelé à bon droit l'*âge de fer*, qu'elle produisit des crimes inouis jusqu'alors. Dieu, ne pouvant plus tolérer la méchanceté des hommes, les menaça d'une destruction totale.

SEIZIÈME SIÈCLE.

(2400 ans avant J. C.)

Les menaces réitérées du Tout-Puissant ne purent détourner les hommes des crimes et des désordres affreux auxquels ils se livraient tous les jours. Dieu résolut enfin de détruire son propre ouvrage ; mais, comme il protége essentiellement la vertu, il excepta Noé seul de la condamnation qu'il avait prononcée contre tous les hommes. Il lui ordonna donc de construire une arche pour qu'il échappât, avec toute sa famille, aux maux sans nombre qui devaient inonder l'univers.

DIX-SEPTIÈME SIÈCLE.

(2300 ans avant J. C.)

La majesté de Dieu est de plus en plus outragée par les crimes des hommes, qui se livrent sans pudeur aux déréglements les plus honteux. Le moment où Dieu devait faire éclater sa ven-

geance étant arrivé, les cataractes du ciel s'ou-
vrirent, toutes les nuées fondirent en eau, un
déluge épouvantable submergea l'univers, tout
périt; l'arche seule qui renfermait Noé et sa famille, surnagea sur l'abyme. Cette même arche,
dit l'Ecriture, s'arrêta au bout d'un an sur le
mont Ararat en Arménie. Noé en sortit avec
ses enfants : Sem, Cham et Japhet; et leurs
descendants repeuplèrent le monde.

<div align="center">~~~~~~</div>

DIX-HUITIÈME SIÈCLE.

(2200 ans avant J. C.)

Les hommes redevinrent ce qu'ils avaient été
avant le déluge, c'est-à-dire corrompus et mé-
chants. Voulant donc se soustraire au châtiment
qu'ils avaient lieu de craindre en expiation de
leurs crimes, ils entreprirent de construire une
tour dont le sommet s'élevât jusqu'au ciel. Mais
Dieu, qui, d'un seul mot, peut anéantir les pro-
jets les plus vastes, abattit leur orgueil en con-
fondant leur langage, de sorte que, ne pouvant
plus s'entendre, ils se virent réduits à aban-
donner leur ouvrage. Cette tour, qu'ils croyaient
devoir leur servir d'asyle contre Dieu même,
fut appelée tour de *Babel*, qui signifie *confu-
sion*.

DIX-NEUVIÈME SIÈCLE.

(2100 ans avant J. C.)

Les descendants de Sem s'établirent dans l'Asie supérieure, ceux de Cham se fixèrent tant en Asie qu'en Afrique, et ceux de Japhet, en Asie et en Europe. Ce fut dans ce siècle, que les premiers États commencèrent à se former; on vit alors paraître les royaumes et les empires d'Égypte, de Sicyone, de la Babylonie, de l'Assyrie, de la Grèce, de la Chine, etc. Les beaux-arts commencèrent à fleurir; on éleva en Égypte des pyramides, dont le travail et la construction surpassaient tout ce qu'on avait vu de plus beau.

VINGTIÈME SIÈCLE.

(2000 ans avant J. C.)

L'idolâtrie fit de jour en jour de nouveaux progrès; c'est pourquoi ce siècle ne nous offre que l'histoire extravagante d'une foule de prétendus dieux, demi-dieux, ou héros qui n'étaient, à proprement parler, que des hommes remarquables par leur force ou par leurs talents.

De là les fréquentes apothéoses des monarques, que des peuples esclaves regardaient comme des dieux après leur mort (1).

~~~~~~~

VINGT-UNIÈME SIÈCLE.

(1900 ans avant J. C.)

On peut placer dans ce siècle la naissance d'Ismaël, d'Isaac et de Jacob, dont l'histoire est consignée dans l'Ecriture sainte. Les hommes poussèrent l'aveuglement jusqu'à adorer des animaux, des reptiles, et même des légumes. Tout était Dieu alors, excepté le vrai Dieu qu'ils avaient oublié. Ils offraient leur encens à Jupiter, à Mars, à Vénus, à Priape et à tant d'autres infâmes divinités qu'ils avaient multipliées à l'infini.

~~~~~~~

VINGT-DEUXIÈME SIÈCLE.

(1800 ans avant J. C.)

On rapporte à ce siècle la circoncision d'Abraham. Cette coutume a toujours été pour les Juifs ce que le baptême est pour les Chrétiens. On

---

(1) Deux mille ans se sont déjà écoulés depuis la création du monde.

prétend qu'un feu céleste, mêlé de soufre et de bitume, consuma, vers cette époque, les villes de Sodome et de Gomorrhe. Inachus fonde le royaume d'Argos.

VINGT-TROISIÈME SIÈCLE.

(1700 ans avant J. C.)

Ogygès bâtit Éleusine dans l'Attique ; le fameux déluge qui porte son nom arriva sous son règne, et précéda de plus de cent cinquante ans le déluge de Deucalion, qui a été confondu avec celui de Noé. Joseph devient ministre du roi Pharaon. (Voyez dans la Bible son histoire qui est pleine d'intérêt.)

VINGT-QUATRIÈME SIÈCLE.

(1600 ans avant J. C.)

Moïse, qui fut le libérateur et le législateur du peuple d'Israël, naquit dans ce siècle, du temps de l'édit rendu par un prince barbare (1), lequel portait qu'on fît mourir tous les enfants mâles des Israélites. Il fut exposé sur les eaux, et sauvé par les ordres de la fille du roi Pharaon. (Lisez l'histoire de Moïse dans la Bible même.)

____

(1) Pharaon, roi d'Égypte.

VINGT-CINQUIÈME SIÈCLE.

(1500 ans avant J. C.)

Les Israélites avaient essuyé dans la Basse-Egypte toutes les rigueurs d'un cruel esclavage sous les rois de ce pays, auxquels on donnait le beau surnom de pasteurs, et qui, suivant le droit absurde du plus fort, avaient dépouillé les anciens possesseurs. Moïse parvint à rendre à ses compatriotes la liberté après laquelle ils soupiraient depuis si long-temps. Fondation du royaume d'Athènes par Cécrops, qui monta, le premier, sur le trône.

VINGT-SIXIÈME SIÈCLE.

(1400 ans avant J. C.)

On prétend que ce fut vers cette époque, que le sage Minos régna en Crète. Dardanus donna le nom de *Dardanie* à une partie de la Phrygie où il régnait. Ericthon, après lui, y établit les *Panathénées* ou fêtes de Minerve. Tros laisse à ses sujets le nom de *Troyens*. Assaracus, Laomédon et quelques autres rois étendent la puissance troyenne dans l'Asie mineure. Pélops, fils de Tantale, va fonder un royaume dans cette presqu'île méridionale de la Grèce, qui reçut le nom de *Péloponèse*, c'est-à-dire île de Pélops(1). Découverte du fer en Grèce par l'incendie d'une forêt.

VINGT-SEPTIÈME SIÈCLE.

(1300 ans avant J. C.)

Les poètes ont placé dans ce siècle l'enlèvement d'Europe, fille d'Agénor. Cette princesse, selon eux, fut aimée de Jupiter, qui, pour s'en rendre maître, se changea en taureau, et l'emporta à travers les mers. Jupiter était un roi de l'île de Crète ; n'ayant pu vaincre la fierté d'une princesse de Phénicie, il l'enleva et la transporta chez lui sur un navire dont la proue était ornée d'une figure de taureau. Cadmus, frère d'Europe, vint en Grèce, cherchant partout sa sœur, et il introduisit dans cette contrée l'usage de l'écriture inconnue jusqu'alors.

VINGT-HUITIÈME SIÈCLE.

(1200 ans avant J. C.)

On trouve dans ce siècle l'expédition des Argonautes, les fameux combats d'Hercule, et

---

(1) Le Péloponèse est aujourd'hui *la Morée*.

ceux de Thésée, roi d'Athènes, qui ne fit qu'une seule ville des douze bourgades de Cécrops, et qui donna une meilleure forme au gouvernement des Athéniens. Il existait alors une nation de femmes guerrières, connues sous le nom d'*Amazones*. Elles faisaient mourir leurs enfants mâles et couper la mamelle droite à leurs filles, pour les rendre plus habiles à tirer de l'arc. Le mot *Amazone* signifie *sans mamelle*. Janus régnait en Italie (1).

VINGT-NEUVIÈME SIÈCLE.

(1100 ans avant J. C.)

Ménélas, roi de Lacédémone, avait épousé Hélène. Cette princesse était d'une beauté ravissante ; Pâris, fils de Priam, roi des Troyens, l'enleva à son époux. Celui-ci, à force d'exagérer l'outrage qu'il avait reçu, et qu'il disait devoir être vengé par tous les rois, détermina les Grecs à prendre les armes contre les Troyens. Agamemnon fut nommé généralissime des troupes ; Achille, Hector, Ulysse, Diomède, Patrocle, firent dans cette guerre des prodiges de valeur. Enfin la ville de Troie fut réduite en cendres après un siége de dix ans.

-----

(1) Voyez la Mythologie.

TRENTIÈME SIÈCLE.

(1000 ans avant J. C.)

Vers cette époque, Codrus, roi d'Athènes, se dévoua à la mort pour le salut de son peuple, et lui procura la victoire par son glorieux trépas. Ses enfants, Médon et Nilée, se disputèrent entre eux le royaume. A cette occasion, les Athéniens abolirent chez eux la royauté, et créèrent des magistrats appelés *Archontes*, qui étaient forcés de rendre compte de leur administration. Le premier archonte fut Médon, fils du généreux Codrus (1).

TRENTE-UNIÈME SIÈCLE.

(900 ans avant J. C.)

On croit que Salomon acheva dans ce siècle, et la vingt-troisième année de son règne, le temple magnifique qu'il avait élevé à la gloire du Très-Haut. Bientôt il se livra à toutes ses

______

(1) Voilà une période de trois mille ans révolus depuis la création du monde.

passions, et périt victime de sa faiblesse et de son idolâtrie.

TRENTE-DEUXIÈME SIÈCLE.

(800 ans avant J. C.)

Homère, le premier des poètes, vécut dans ce temps. Hésiode, si célèbre par son poème de la Théogonie, naquit après Homère (1). Lycurgue donnait des lois à Lacédémone. Pour prévenir les désordres qui sont inséparables du luxe, ce célèbre législateur défendit l'usage de l'or et de l'argent; il établit un heureux système d'égalité entre tous les citoyens. On dit que, pour engager les Lacédémoniens à observer religieusement les lois qu'il avait instituées, il leur fit promettre, avec serment, de ne rien y changer jusqu'à son retour. Il partit ensuite pour l'île de Crète, où il se donna la mort, après avoir ordonné qu'on brûlât son cadavre et qu'on en jetât les cendres dans la mer, de peur que les Lacédémoniens, en revoyant son corps, ne se crussent dégagés de leur serment

---

(1) Plutarque et Varron le font contemporain d'Homère.

TRENTE-TROISIÈME SIÈCLE.

(700 ans avant J. C.)

On rapporte à ce siècle les jeux olympiques dès long-temps institués par Hercule. Ce fut Iphitus qui les rétablit. On les célébrait de quatre en quatre ans, au solstice d'été, près d'Olympie, ville d'Elide, au Péloponèse. Ils consistaient en cinq sortes d'exercices principaux, savoir : le saut, la course, le disque, le javelot et la lutte. Le nom d'*olympiade* fut donné à l'espace de temps qui s'écoulait entre chacun de ces jeux ; et ce fut depuis leur rétablissement, que les Grecs datèrent les événements. Sur la fin de la troisième année de la sixième olympiade, Romulus, petit-fils de Numitor, fonda la ville de Rome.

TRENTE-QUATRIÈME SIÈCLE.

(600 ans avant J. C.)

On peut placer ici le fameux combat des Horaces et des Curiaces, la mort de Tullus Hostilius, troisième roi des Romains, et l'existence des sept sages de la Grèce, qui sont Bias,

Solon, Thalès, Périandre, Pittacus, Chilon et Cléobule. Bias, natif de Prienne, faisait consister le souverain bien dans la vertu. Solon, un des plus grands législateurs, disait qu'il n'avait pas fait de loi contre le parricide, parce qu'il ne pensait pas qu'on pût commettre un attentat aussi horrible. Thalès, de Milet, avait coutume de dire que nous devons en user avec nos amis, comme s'ils devaient un jour devenir nos ennemis. Périandre, tyran de Corinthe, avait pour maxime qu'il faut tenir sa parole, mais qu'on peut la sacrifier à l'intérêt. (Cette maxime, indigne d'un sage, n'est que trop suivie de nos jours.) Pittacus, né à Mytilène, disait qu'il ne faut pas médire de son prochain, pas même de ses ennemis. Chilon, natif de Lacédémone, recommandait ces trois choses : bien employer son temps ; garder son secret et celui des autres ; supporter les malheurs et les injures reçues. Cléobule enseignait le précepte suivant : Faites du bien à vos amis, pour les conserver, et à vos ennemis, pour les gagner.

TRENTE-CINQUIÈME SIÈCLE.

(5oo ans avant J. C.)

Dans ce siècle ont vécu les philosophes Epiménide et Anaximandre, les poètes Alcman, Alcée et la tendre Sapho. Dans ce siècle parut encore un grand homme, philosophe et législateur tout à la fois, Confucius, dont la mémoire est révérée surtout parmi les Chinois. Cyrus, fils de Cambyse, fonda la monarchie des Perses, la plus puissante et la plus étendue qui eût existé jusqu'alors. On entendit pour la première fois sur le théâtre d'Athènes des dialogues insignifiants, décorés du nom de *comédies*. La première tragédie fut jouée à Athènes par Thespis, sur des chariots. Naissance d'Esope.

TRENTE-SIXIÈME SIÈCLE.

(400 ans avant J. C.)

Ce siècle est fécond en grands hommes: Aristide, Thémistocle, Périclès, Alcibiade, et Aspasie, femme célèbre. Il donna naissance à trois grands poètes tragiques: Eschyle, Sophocle et Euripide. Il vit naître le fameux poète Pindare; Hérodote, qui est appelé le père de l'Histoire; Thucydide, autre historien célèbre, et le peintre Zeuxis, qui imitait si bien la nature, que des oiseaux vinrent un jour becqueter des fruits qu'il avait peints. Les orateurs Gorgias, Prodicus et Lysias; les philosophes Démocrite, Empédocle, Socrate et Zénon se distinguaient aussi vers cette époque. Construction de l'*Odéon*.

TRENTE-SEPTIÈME SIÈCLE.

(3oo ans avant J. C.)

Fameuse bataille de Leuctres remportée sur les Lacédémoniens par Epaminondas. Ce grand homme, né à Thèbes, mourut d'une blessure qu'il reçut dans un combat. Philippe, roi de Macédoine, eut de sa femme Olympias un fils, nommé *Alexandre*, lequel naquit le même jour que le fameux temple de Diane, à Ephèse, e fut brûlé de la main d'Erostrate, qui crut par-là rendre son nom immortel. Isocrate, Eschine et Démosthène, célèbres orateurs athéniens, étaient alors en grande réputation. Les poètes Ménandre, Aristophane; les philosophes Epicure, Diogène et Aristote, disciple de Platon, vécurent dans ce siècle. Il y avait à Athènes trois écoles publiques de philosophie : la première s'appelait *Académie* où enseignait Platon; la seconde se nommait *Lycée* où enseignait Aristote; la troisième était appelée *Portique* où enseignait Zénon.

TRENTE-HUITIÈME SIÈCLE.

(200 ans avant J. C.)

Les belles-lettres commencèrent à fleurir dans ce temps parmi les Romains, entre la première et la seconde guerre punique. Livius Andronicus fut le premier qui y fit connaître la comédie. Ennius, Pacuvius, Névius et quelques autres poëtes, se firent à Rome un nom célèbre. Archimède, de Syracuse, fut tué par un soldat, tandis qu'il retardait la destruction de sa patrie, par les machines qu'il inventait chaque jour. Annibal est vaincu par le grand Scipion qui prescrit aux Carthaginois les conditions les plus dures. Plaute, poëte comique, est né à la fin de ce siècle.

TRENTE-NEUVIÈME SIÈCLE.

(100 ans avant J. C.)

Rome eut dans ce siècle le malheur de perdre son illustre poëte comique, Térence, originaire d'Afrique. Il rapportait de ses voyages cent comédies qu'il avait traduites du poëte grec Ménandre. On place ici la naissance de Cicéron, le premier des orateurs romains ; d'Hortensius, son rival en éloquence, et celle du grand Pompée qui vainquit Sertorius, à l'âge de vingt-trois ans.

QUARANTIÈME SIÈCLE.

(ans avant J. C.)

Virgile, le premier des poètes romains, naquit dans ce siècle où les lettres furent portées au plus haut degré de splendeur. Cicéron avait alors environ trente-six ans. Les contemporains de Virgile furent, entr'autres, Phèdre, charmant fabuliste ; le biographe Cornélius Népos ; les historiens Salluste et Tite-Live ; les poètes Catulle, Tibulle, Properce, Ovide, Horace ; Lucrèce, poète épicurien ; Varron, savant recommandable, et Vitruve, célèbre architecte. Jules-César, écrivain et guerrier tout à la fois, fut homicidé le 15 mars en plein sénat ; les chefs des conjurés étaient Brutus et Cassius, qui furent vaincus ensuite par César-Octave, Marc-Antoine et Lépide. La victoire de ces derniers fut suivie d'un grand nombre de proscriptions contre les personnages les plus illustres, du nombre desquels fut Cicéron. Lépide mourut ; Antoine et Octave ne tardèrent pas à se diviser ; leur haine éclata par une guerre ouverte. Antoine fut vaincu par Octave à la bataille d'Actium, en Epire; il prit la fuite et alla se réfugier chez Cléopâtre, reine d'Égypte, dont il était éperdument aimé. Cléopâtre et Antoine se donnèrent la mort, quand ils virent Octave maître d'Alexandrie. Octave, devenu empereur, exerça d'abord des cruautés inouies; mais, fatigué de ses crimes, il devint un maître juste et clément (1). Il eut pour favori Mécène, qui, partisan éclairé des lettres, le porta à recompenser tous ceux qui les cultivaient avec distinction; Horace. Ovide et Virgile furent comblés de ses bienfaits. Naissance de Jésus à la fin de ce siècle, le 25 décembre, an du monde 4000.

____

(1) Octave, empereur, est plus connu sous le nom d'*Auguste.*

* 8

HISTOIRE MODERNE.

QUARANTE-UNIÈME SIÈCLE.

(1er siècle de l'ère vulgaire.) (1)

Tibère succéda à César-Octave, surnommé *Auguste* ; il régna vingt-deux ans et demi, pendant lequel temps il fit courber les Romains sous un joug de fer. Douloureux trépas de Jésus, crucifié le 3 avril, à l'âge de 33 ans. Caligula, successeur de Tibère, se rendit odieux par ses crimes ; il fut assassiné le 24 janvier. Claude monta sur le trône où s'était assis l'infâme Caligula. Néron prit les rênes de l'empire ; il fut le meurtrier de sa mère Agrippine, de son frère Britannicus, de son précepteur Sénèque. Ayant appris que le Sénat l'avait condamné, il se tua lui-même. Strabon, habile géographe ; les rhéteurs Quintilien et Sénèque ; les poètes Lucain, Pétrone, Perse, Juvénal, Silius Italicus, Martial, Stace (auteur de la

____

(1) L'ère *vulgaire* est celle dont on se sert pour compter les années depuis Jésus-Christ ; elle commence l'an du monde 4005, ou l'an 5 de J. C. Ainsi, pour supputer les ans du monde jusqu'à présent, il faut ajouter l'année courante au nombre 4004 ; l'an 1823 est donc l'an du monde 5827.

Thébaïde), le philosophe Sénèque, fils du rhéteur ; les historiens Quinte-Curce, Josephe, Tacite, Valère-Maxime, Velléius-Paterculus ; Pline, le naturaliste, Pline, son neveu ; Epictète, philosophe grec, et Plutarque, historien grec, vécurent tous vers cette époque. Vespasien régna paisiblement ; il eut pour successeur son fils Titus qui comptait ses jours par ses bienfaits. Pline, le naturaliste, eut le malheur de périr en voulant reconnaître et examiner de trop près les flammes du mont Vésuve. A Titus succéda l'empereur Domitien, digne émule de Néron ; il fut tué à l'âge de 45 ans. Nerva monta ensuite sur le trône ; il fut remplacé par Trajan.

QUARANTE-DEUXIÈME SIÈCLE.

(2e siècle de l'ère vulgaire.)

Trajan se rendit célèbre par ses victoires. Les écrivains les plus distingués de ce siècle furent Suétone, grammairien et rhéteur ; les historiens Florus et Justin ; Aulu-Gelle (auteur des *Nuits Attiques*); Apulée, littérateur ; Galien, célèbre médecin ; Lucien (auteur des *Dialogues des Morts*, ouvrage grec) ; et Pausanias, qui a donné une *Description de la*

Grece. Trajan eut pour successeur Adrien, lequel adopta Antonin, surnommé *le pieux.* Celui-ci adopta à son tour Marc-Aurèle, empereur philosophe et prince pacifique. A Marc-Aurèle succéda Commode son fils ; il fut haï du peuple et du sénat ; ses flatteurs et sa maîtresse le firent mourir. Son successeur Pertinax fut immolé à la fureur des soldats, qui, quelque temps auparavant, l'avaient élevé, malgré lui, à la souveraine puissance.

<hr>

QUARANTE-TROISIÈME SIÈCLE.

(3ᵉ siècle de l'ère vulgaire.)

Parmi les empereurs qui suivirent, on doit distinguer Alexandre, surnommé *le pieux.* Ce fut dans ce siècle, que les sectateurs de Jésus-Christ jetèrent les premiers fondements de la vie monastique ; de là se sont formées par la suite ces nombreuses réunions de moines, de cénobites et d'anachorètes, dont la plupart ont édifié le monde par les mortifications d'une vie saintement austère et pénitente. L'empereur Aurélien fait mourir le philosophe Longin, ministre de la reine Zénobie, et auteur du *Traité du Sublime.* Hérodien et Dion-Cassius, historiens grecs ; Ulpien et Papinien, jurisconsultes, fleurirent dans ce siècle.

QUARANTE-QUATRIÈME SIÈCLE.

(4ᵉ siecle de l'ère vulgaire.)

Les chrétiens commencèrent à respirer; l'empereur Constantin publia divers édits en faveur du christianisme, renversa les idoles et donna les temples aux catholiques. Julien, surnommé *l'apostat*, meurt percé d'une flèche. Théodose termine sa carrière à l'âge de 60 ans; Arcadius et Honorius, ses deux fils, lui succèdent. Claudien, le dernier des poètes latins, vivait alors; avant lui avaient paru l'historien Eutrope, Végèce qui a écrit sur l'art militaire, Aurelius Victor, historien, et Macrobe, auteur des *Saturnales*, ouvrage fort curieux.

QUARANTE-CINQUIÈME SIÈCLE.

(5ᵉ siècle de l'ère vulgaire.)

Des hordes de barbares, accourues du fond du nord, viennent inonder toute l'Europe. Les Suèves, les Allains, les Huns, les Goths, les Visigoths, les Ostrogoths, les Vandales, pénètrent dans les Gaules. De nouvelles monarchies s'élèvent de toute part sur les ruines de l'empire romain. Clovis, roi de France, est baptisé ; le christianisme s'établit dans ce royaume.

QUARANTE-SIXIÈME SIÈCLE.

(6ᵉ siècle de l'ère vulgaire.)

Clovis tue de sa propre main Alaric, roi des Visigoths. L'empereur Justinien, après avoir rétabli partout la paix et la tranquillité, chargea dix savants jurisconsultes de rassembler en un seul corps d'ouvrage les plus belles lois romaines. On place dans ce siècle la mort de Bélisaire, qui fut réduit, par l'injustice de l'empereur Justinien, à mendier son pain de porte en porte. Naissance de Mahomet premier.

QUARANTE-SEPTIÈME SIÈCLE.

(7ᵉ siècle de l'ère vulgaire.)

Mahomet, accusé de sédition, s'enfuit de la Mecque où il était né, et se retira à Médine. Cette fuite peut être regardée comme l'époque de sa prétendue gloire, de la fondation de son empire et de sa religion : en effet, les mahométans commencent leur ère à cette fuite, et l'appellent *Hégire*. Ce faux prophète était sujet

au mal caduc ; il feignait que l'archange
Michel lui apparaissait quand son mal le prenait. Il disait qu'il ne fallait répondre que par
le glaive aux antagonistes de sa morale ; que
chaque prophète avait son caractère, que celui
de Jésus était la douceur, et que le sien était la
force. En France régnaient alors Sigebert et
Clovis second, qui s'étaient partagé le royaume
que leur avait laissé Dagobert.

QUARANTE-HUITIÈME SIÈCLE.

(8ᵉ siècle de l'ère vulgaire.)

Les Sarrasins, sortis, pour la plupart, de l'A-
rabie, viennent fondre tout-à-coup sur l'Espagne
et sur l'Italie, et pénètrent même jusqu'au sein
de la France pour saper la religion chrétienne
dans ses fondements. Charlemagne , fils de
Pépin *le Bref,* s'arme contre les Sarrasins , et
les met en déroute. Les Saxons portent partout
le ravage ; Charlemagne les défait et les réduit
à implorer son assistance. Ce prince étant au
pays de Juliers où étaient des bains chauds , y
fit construire un palais et une chapelle : de là
vient qu'on a appelé ce lieu *Aix-la-Chapelle.*
Les lettres et les sciences sont protégées en
Europe par Charlemagne.

QUARANTE-NEUVIÈME SIÈCLE.

(9e siècle de l'ère vulgaire.)

Louis premier, appelé *le Débonnaire*, meurt près de Mayence à l'âge de 62 ans. Les Danois ou Normands remplissent d'horreur la France entière ; après avoir pris et dévasté plusieurs villes, ils s'avancent jusqu'aux portes de Paris. Charles *le Chauve* leur donne de grosses sommes d'argent pour les engager à mettre fin à leurs brigandages. L'hiver fut si rude en la cinquante-neuvième année de ce siècle, que la mer Adriatique fut gelée. Louis second, surnommé *le Bègue*, monte sur le trône après Charles *le Chauve ;* il meurt à Compiègne après un an et six mois de règne.

CINQUANTIÈME SIÈCLE.

(10e siècle de l'ère vulgaire.)

Ce siècle est appelé le siècle d'ignorance. Les ravages causés par les Normands et les Sarrasins, avaient exilé les lettres, les sciences et les arts. On ne voyait partout qu'ignorance et barbarie ; les personnages les plus importants savaient alors à peine lire et écrire. Sur la fin de ce siècle, mourut Louis cinq, surnommé *le Fainéant.* La race de Charlemagne s'éteignit dans la personne de Louis cinq. On fait du papier avec des chiffons de toile.

CINQUANTE-UNIÈME SIÈCLE.

(11e siècle de l'ère vulgaire.)

Ce siècle vit naître deux amants bien malheureux : Héloïse et Abeilard. On vit alors, pour la première fois, une guerre sainte, mais désastreuse, sous le nom de *croisade.* Trois cent mille croisés parurent sous les armes ; ils avaient à leur tête Godefroy de Bouillon, et marchaient contre les Sarrasins, portant une croix rouge sur l'épaule gauche ; leur cri de guerre était : *Dieu le veut.* On rapporte à ce siècle l'invention des notes de musique.

CINQUANTE-DEUXIÈME SIÈCLE.

(12e siècle de l'ère vulgaire.)

On a établi dans ce siècle un très grand nombre d'ordres religieux. Mort de Godefroy de Bouillon, roi de Jérusalem. Baudouin, son frère, lui succède. La ville de Jérusalem est prise par Saladin, roi d'Egypte et de Syrie. On met pour la première fois des verres aux fenêtres.

CINQUANTE-TROISIÈME SIÈCLE.

(13e siècle de l'ère vulgaire.)

L'ordre des Dominicains s'établit à Paris, rue Saint-Jacques ; ce qui fait donner à ces religieux le nom de *Jacobins*. Un malheureux feint qu'il est le Messie; il montre sur son côté, sur ses mains et ses pieds les marques que les clous, disait-il, y avaient laissées ; les prêtres le condamnent à être brûlé vif. Louis neuf entreprend la conquête de la *Terre-Sainte* où ses prédécesseurs avaient échoué ; il est battu par les Sarrasins qui le font prisonnier; son armée est taillée en pièces. Robert *Sorbon*, docteur de l'Université de Paris, fonde la maison de Sorbonne. Les Siciliens égorgent, le jour de Pâque, les Français qui étaient dans leur île; ils n'épargnent ni les femmes enceintes, ni les enfants à la mamelle, et, parce que le premier coup de vêpres servit de signal aux conjurés, on appela ce massacre les *Vêpres Siciliennes*.

CINQUANTE-QUATRIÈME SIÈCLE.

(14e siècle de l'ère vulgaire.)

On rapporte à ce siècle l'invention de la boussole ou aiguille marine, et le commencement de la république des Suisses. Charles quatre, surnommé *le Bel,* fit une bonne action : celle de renvoyer dans leur pays, après les avoir dépouillés de leurs richesses mal acquises, les Lombards et les Italiens logés à Paris, rues Quincampoix et des Lombards, lesquels, à force de prêts usuraires qu'ils faisaient à la couronne, s'engraissaient des sueurs du peuple : de là vient qu'on nomme *Lombards* ces maisons publiques où l'on prête sur gages. Charles cinq fit construire la Bastille, renversée depuis par les Français le 14 juillet 1789. Vers cette époque parurent, en Italie, le conteur Bocace et le poëte Pétrarque, amant de la belle Laure. Charles six étant devenu imbécile, on imagina le jeu de cartes pour le distraire. Ce fut vers le milieu de ce siècle, que la poudre à canon fut inventée par un prêtre de Cologne.

~~~~~~

CINQUANTE-CINQUIÈME SIÈCLE.

(15ᵉ siècle de l'ère vulgaire.)

Jeanne d'Arc, surnommée la *Pucelle d'Orléans*, fait des prodiges de valeur contre les Anglais ; elle les force à lever le siége d'Orléans, sous le règne de Charles sept. Après avoir rendu de grands services à l'État, elle meurt victime de l'ignorance et de la superstition de ces temps malheureux. Louis onze, prince méchant et dissimulé, succède à Charles sept, son père. Le 19 février 1473, est né le célèbre Copernic. Charles huit monte sur le trône vacant par la mort de son père. Christophe Colomb, Génois, fait la découverte du Nouveau-Monde ; mais, *Améric* Vespuce ayant osé le premier y faire une descente et y tenter quelques établissements, on donna son nom à cette quatrième partie du monde qui, depuis ce temps, est appelée *Amérique*. Découverte mémorable de l'art de l'imprimerie par Jean Guttemberg. Louis douze naît à la fin de ce siècle.
~~~~~~

CINQUANTE-SIXIÈME SIÈCLE.

(16e siècle de l'ère vulgaire.)

Ce fut dans ce siècle, que François premier fit refleurir en France les belles-lettres et les arts, soit en protégeant, soit en récompensant les savants. Martin Luther répandait alors sa doctrine qui coûta tant de sang à l'Europe. La Société des Jésuites est établie par saint Ignace de Loyola. Naissance de Jean Calvin. Henri deux succède à François premier, son père. François second, fils de Henri deux, monte sur le trône. A François second succède Charles neuf. Ce prince, à la sollicitation de sa mère, ordonne le meurtre de l'amiral Châtillon et le massacre de tous les huguenots. Plus de soixante-dix mille hommes sont tués ; et, comme ce massacre commença la nuit de la fête de Saint - Barthélemy, on l'a depuis appelé, *le massacre de la Saint-Barthélemy.* Henri trois, frère de Charles neuf, monte sur le trône de France ; il meurt de la main de Jacques Clément, religieux dominicain ; son successeur est l'excellent prince Henri quatre. Les personnages célèbres qui vécurent du temps de François premier, de Henri deux, de François second, de Charles neuf et de Henri trois, furent le chevalier Bayard,

Machiavel, homme d'État, le savant Bacon ; les
peintres Raphaël, Michel-Ange, Paul Véronèse,
Annibal Carache et le Titien ; les poètes Cer-
vantes, Arioste, le Tasse, Vida, le Trissin, le
Camoëns, Ronsard, Muret, Jean Dorat et Clément Marot ; les savants Érasme, Pierre Ra-
mus, Henri Étienne, Jacques Amyot, le conteur
Rabelais, les moralistes Pierre Charron, Michel
Montaigne, *etc*.

CINQUANTE-SEPTIÈME SIÈCLE.

(17e siècle de l'ère vulgaire.)

Le bon Henri quatre est tué dans Paris, le 14 mai
1610, par François Ravaillac ; Louis treize, son
fils, lui succède. Tenue des États-généraux en
1614. Epoque de la fondation de l'Oratoire par
le Père Bérulle. Etablissement du Jardin des
Plantes. Fondation de l'Académie française en
1635. Louis quatorze, né le 5 septembre 1638,
monte à l'âge de 5 ans sur le trône de France,
vacant par la mort de Louis treize, son père.
L'Académie royale des Inscriptions et Belles-
Lettres, ainsi que l'Académie de Peinture et de
Sculpture , sont établies en 1663. Louis XIV,
l'année suivante, établit le Journal des Savants,
les manufactures de laines et de toiles peintes.
Fondation de l'Académie des Sciences en 1666.

Mort de Cromwel, qui fit périr sur un échafaud Charles premier, roi d'Angleterre. Le cardinal Mazarin, ministre plein d'ambition, meurt
en France. Turenne, en marquant l'endroit d'une
batterie, est tué d'un coup de canon, le 27 juillet
1675, à l'âge de 64 ans. Louis XIV meurt quarante ans après le vaillant Turenne. Ce fut dans
ce siècle, que se perfectionnèrent le génie et la
marine. Les arts et le commerce dûrent au ministre Colbert l'état de splendeur où ils furent
portés. Les personnages illustres qui vécurent
du temps de Henri quatre, de Louis treize et
de Louis quatorze, furent les architectes Man-
sard et le Nôtre ; les musiciens Lulli et Rameau,
les peintres Rubens, Pierre Mignard, le Poussin,
le Guide, le Dominiquin ; les poètes Malherbe,
Rotrou, Scarron, Brébeuf, Saint-Amand, Ra-
can, Pierre Corneille, Molière, Rapin, San-
teuil, Quinault, Chapelle, Mme. Deshoulières,
Mme. de Sévigné, la Fontaine, Racine, *etc.* ; les
littérateurs Brantôme, Patru, Gilles Ménage,
Voiture, Balzac, *etc.* ; les savants Pithou, Pascal, Descartes, de Thou, Boërhaave, Grotius,
Hobbes, Puffendorf, Leibnitz, enfin le bon et
vertueux saint Vincent de Paule, dont le nom
seul est un éloge. Tous ces personnages fameux
sont morts dans ce cinquante-septième siècle.

CINQUANTE-HUITIÈME SIÈCLE.

(18e siècle de l'ère vulgaire.)

La Prusse est érigée en royaume. Le maréchal de Villars gagne la bataille de Denain; ce qui rétablit les affaires de la France épuisée dès long-temps par les guerres désastreuses de Louis quatorze. La paix générale est enfin conclue à Utrecht en 1713. Louis meurt deux ans après (1715), fatigué des combats qu'il a livrés à beaucoup de peuples, mais regretté des savants et des gens de lettres. Louis quinze, son arrière petit-fils, avait environ 5 ans ; il monte sur le trône, et Philippe, duc d'Orléans, est déclaré régent du royaume. On introduit l'inoculation en France. Le duc d'Orléans meurt presque subitement le premier décembre 1723. Louis quinze chasse du royaume les protestants et autres sectaires. La belle tragédie de Voltaire, intitulée *Mahomet* ou *le Fanatisme*, est jouée malgré les réclamations d'un grand nombre de personnes prévenues. La Reine met un fils au monde le 4 septembre 1729. Par arrêt du Conseil, on supprime l'*Encyclopédie*, ce vaste répertoire de toutes les connaissances humaines. Les campagnes de Flandres, en 1745, 46 et 47, célèbres par les victoires de Fontenoi,

de Laufald, et par la prise de Berg-
[op-zoom, re]ndent à jamais immortels les noms
[des maré]chaux de Saxe et de Lowendal. En
[1759], les Anglais enlèvent à la France, avec
[laquelle i]ls étaient en guerre, le Canada, Pondichéry
[et] Mahé. Louis quinze, accompagné du Dau-
[ph]in son fils, est frappé d'un instrument en
[for]me de canif, par Robert Damiens. Ce crime,
qui ne reçut pas son exécution, fut commis le
5 janvier 1757, sur les six heures du soir. Le
[coupa]ble fut mis à mort le 28 mars suivant.
[M.] Silhouette, nommé contrôleur-général des
[fina]nces, exhorte le peuple à porter sa vaisselle
[à] la monnaie; un cri général d'indignation s'é-
[lève] contre lui; son nom devient une injure;
[on fa]it des *portraits à la Silhouette*. Les profils
[trac]és sur l'ombre faisaient assez connaître à quel
[é]tat de pénurie M. le contrôleur-général avait
[ré]duit les particuliers. Mort de la marquise de
[Pom]padour; elle s'était tellement enrichie des
[pleu]rs du peuple, que la vente seule de son mobi-
[lier] en 1764, dura, dit-on, l'espace d'une année.
[Le] Dauphin meurt environ un an après. Expul-
[sion des Jé]suites; destruction de leur ordre. Les
[dernièr]es années du règne de Louis quinze sont
[remarqu]ables par la conquête de l'île de Corse,
[et par la] cassation de tous les parlements qui
[eurent] la hardiesse de résister à la cour dans

l'affaire de M. de la Chalotais. Louis meurt le 10 août 1774, à l'âge de 64 ans, après avoir tenu d'une main faible les rênes de l'État, surtout pendant les dernières années de sa vie. Louis seize, fils du Dauphin, lui succède. Ce prince était naturellement économe ; il voulait sincèrement le bien : aussi commença-t-il son règne par des réformes nécessaires à l'économie des finances. M. *Necker*, quoique étranger, est appelé par lui au ministère ; il paraît seconder les vues bienfaisantes du jeune monarque : cependant le déficit ne fait que s'accroître, le mal presse, le mécontentement redouble ; on convoque une assemblée des Notables, qui tint sa première séance le 22 février 1787. Les Notables n'ayant pu apporter aucun remède aux maux de la France, on assembla les États-généraux ; ils se réunirent à Versailles, le 5 mai 1789. D'abord, il y eut de grandes contestations entre les communes et les deux Ordres privilégiés (la Noblesse et le Clergé) ; mais enfin, après de longues discussions, les députés se réunirent presque tous à une même opinion. Ce fut le 17 juin 1789, que ceux des Communes se réunirent en Assemblée nationale. La Bastille est prise le 14 juillet de la même année. Le savant Bailly est nommé maire de Paris, et La Fayette, commandant général de la garde nationale. La nuit du 4 août, tous les priviléges, tous les droits exclusifs sont détruits et renversés. Les journées du 5 et du 6 octobre, même année, sont extrêmement orageuses; arrivée à Versailles d'une foule immense de Parisiens; massacre horrible d'un grand nombre de gardes du roi, accusés d'avoir reçu et distribué des cocardes blanches. Le 14 juillet 1790, une fédération générale des Français, au Champ-de-Mars, célèbre l'anniversaire du 14 juillet 1789. Dans ces entrefaites, l'émigration en pays étranger se multiplie. Le 21 juin 1791, le Roi et sa famille abandonnent Paris où ils gémissaient dans une dure captivité. Le Roi est arrêté avec sa famille à Varennes, d'où on le ramène à Paris. Le 30 septembre de la même année, l'Assemblée nationale termine ses séances; elle est remplacée par l'Assemblée législative. Le 10 août 1792, l'exercice de l'autorité royale est suspendu; on convoque une assemblée nationale. L'ouverture de cette assemblée a lieu le 21 septembre; la royauté est abolie en France, et l'on décrète qu'à l'avenir on datera de l'an Ier de la République. Le 21 janvier 1793, Louis seize, prisonnier depuis plusieurs mois, périt sur l'échafaud, à l'âge de 39 ans, après avoir été jugé et condamné à mort, par la Convention nationale; il en avait régné dix-neuf. Le 17 octobre de la même année, Marie-Antoinette d'Autriche, reine de France, est également condamnée à la peine de mort. Ainsi périt, avec son auguste épouse, un prince à qui l'on devait l'abolition de la torture; qui, pour ne pas surcharger son peuple, aima mieux recourir à la voie de l'emprunt, et qui prouva constamment le désir sincère qu'il avait de rendre la France heureuse et libre. Le 9 thermidor an II (28 juillet 1794), le peuple entier est affranchi du joug affreux sous lequel il gémissait depuis long-temps; les chefs et les fauteurs de l'anarchie sont mis hors de la loi et expient sur l'échafaud les crimes dont ils sont couverts. Le 18 brumaire an VIII (9 novembre 1799), la France est rendue, un moment, à la tranquillité par Buonaparte, qui, revêtu d'abord du titre de premier Consul, est proclamé ensuite Empereur des Français par un sénatus-consulte du 28 floréal an XII (18 mai 1804.)

Les personnages célèbres en tout genre, qui ont terminé leur carrière au commencement ou à la fin de ce siècle à jamais mémorable et fécond en révolutions politiques, sont les poètes Thomas Corneille, Regnard, Boileau, Chaulieu, la Fare, Campistron, Pope, Jean-Baptiste Rousseau, Saint-Aulaire, Destouches, Polignac, Desmahis, Lanoue, Crébillon, Panard, Moncrif, Piron, Favart, Voisenon, Du Belloy, Gresset, Bernard,

Voltaire, Dorat, Gollé, Tressan, Gilbert, Bertin, de Bernis, le Franc de Pompignan, Imbert, de Nivernais, Florian, Marmontel, Saint-Lambert, Laharpe, Collin-d'Harleville, Klopstock, Saint-Ange, Chénier, Esménard, Legôuvé, *etc.*; — Les orateurs Bourdaloue, Bossuet, Mascaron, Fléchier, Fénélon, Massillon, Thomas, Mirabeau, Target, Vergniaud, *etc.*; — Les philosophes Locke, Pierre Bayle, Mallebranche, Dumarsais, Fontenelle, Montesquieu, Wolf, Helvétius, Mably, Jean-Jacques Rousseau, d'Alembert, Diderot, Raynal, Condillac, Condorcet, *etc.*; — Les littérateurs Saint-Evremond, Daguesseau, mademoiselle Ninon de Lenclos, Rollin, Marivaux, Hénault, Barthélemy, Dussaulx, Sédaine, Beaumarchais, *etc.*; — Les comédiens Le Kain, Préville, Molé et Monvel; les savants Newton, Dominique Cassini, Maupertuis, Nollet, de la Condamine, Court de Gébelin, Buffon, Francklin, Bailly, Lavoisier, Adanson, Montucla, Saussure, Daubenton, Déparcieux, Galvani, Dolomieu, Lalande, Valmont de Bomare, Fourcroy, *etc.*; — Les guerriers Catinat, Villars, Vauban, Jean Bart, Duguay-Trouin, Hoche, Marceau, Joubert, Desaix, *etc.*

Quelques-uns de ces hommes célèbres, tels que Saint-Lambert, Laharpe, Collin-d'Harleville , Target , Klopstock , Saint-Ange, Chénier, Esménard , Legouvé , Molé , Monvel, Lalande, Valmont de Bomare, Four-croy, appartiennent au cinquante-huitième siècle et au cinquante-neuvième qui a commencé le 1er. janvier 1801, c'est-à-dire, avec le 19e. siècle de l'ère vulgaire.

GÉOGRAPHIE.

Là Géographie est la description de la Terre. On entend par la *Terre* cette masse composée de terre et d'eau, que nous habitons, et qui est appelée *globe terrestre*. Le globe terrestre a donc deux parties essentielles : la *terre* et l'*eau*.

La Terre renferme le monde ancien, nouveau et inconnu ; elle a neuf mille lieues de circonférence, et elle se divise en deux grandes étendues qu'on appelle *continents* ou *terres-fermes*. De ces deux continents, l'un, qui est nommé l'*ancien*, renferme l'Europe, l'Asie et l'Afrique ; l'autre, qui est nommé le *nouveau*, contient l'Amérique. L'Amérique est appelée *nouveau continent* ou *nouveau monde*, parce qu'elle était inconnue aux Anciens, et qu'elle n'est découverte que depuis trois cents ans environ. Ce fut Christophe *Colomb* qui en fit la découverte ; elle est appelée *Amérique*, parce que celui qui, après Colomb, en découvrit la plus grande partie, se nommait *Améric Vespuce*.

L'Eau se divise en mers, fleuves, lacs, rivières, torrents, ruisseaux, etc.

Il y a deux sortes de mers : la mer extérieure qui environne la terre, et qu'on appelle *Océan*, et la mer intérieure qui est renfermée dans les terres.

~~~~~~

TERMES RELATIFS A LA TERRE.

Ile est un espace de terre qui est environné d'eau de tout côté.

Presqu'ile ou *péninsule* ou *chersonèse* est une étendue de terre qui est presque entourée d'eau, et qui ne tient au continent, que par une langue de terre.

Isthme est une portion de terre qui joint, ou deux continents ensemble, ou une presqu'ile à la terre-ferme.

Pas ou *col* est un passage étroit dans les montagnes.

Promontoire est une portion de terre qui s'avance dans la mer ; on la nomme *cap*, quand elle est en forme de montagne : on la nomme *pointe*, quand elle a peu d'élévation.
~~~~~~

Dunes sont des éminences sablonneuses qui s'étendent le long des côtes.

Falaises sont des montagnes escarpées sur le bord de la mer.

Montagne est une éminence considérable de terre qui s'élève au-dessus des lieux circonvoisins qu'on nomme *plaines*. (Les petites montagnes s'appellent *collines*.)

Vallée est un espace compris entre deux montagnes.

Vallon est un espace qui se trouve entre deux collines.

Volcan est une montagne qui vomit de temps à autre des matières enflammées.

~~~~~~~~~

TERMES RELATIFS A L'EAU.

Détroit est un bras de mer qui est resserré entre deux terres peu éloignées l'une de l'autre.

Golfe est une étendue considérable de mer qui s'avance dans les terres.

Baie est un petit golfe plus étroit à l'entrée qu'en dedans.

Rade est un lieu le long des côtes, où les vaisseaux sont à l'abri du vent.

* 9
~~~~~~~~~

Archipel est un endroit de la mer, parsemé d'îles.

Bancs de sable sont des endroits de la mer où le sable est à fleur d'eau.

Flux et *reflux* est le mouvement alternatif par lequel la mer se retire et s'abaisse. Elle emploie environ six heures à monter, et autant de temps à descendre.

Lac est une grande étendue d'eau dormante qui ne tarit jamais, et qui n'a aucune communication sensible avec la mer.

Rivière est une eau de source qui coule toujours jusqu'à ce qu'elle se décharge dans quelque autre rivière. Quand elle est considérable, et qu'elle se décharge dans la mer, elle prend le nom de *fleuve*. (On appelle *ruisseaux* les petites rivières.)

Embouchure d'une rivière est l'endroit où elle termine son cours et perd son nom. (Nous appelons le *haut* d'une rivière la partie qui s'approche le plus de sa source, et le *bas* celle qui est le plus près de son embouchure.)

Confluent ou *conflant* est l'endroit où deux rivières se réunissent et confondent leurs eaux.

Torrent est un courant d'eau fort rapide, provenant ordinairement des pluies abondantes ou de la fonte des neiges.

ANCIEN CONTINENT.

EUROPE.

L'Europe est celle des quatre parties du monde qui a le moins d'étendue; mais elle est la plus fameuse par sa population et par l'industrie de ses habitants. Les sciences, les lettres et les arts y sont en vigueur. La plupart des peuples qui couvrent l'Europe sont doux, affables et ingénieux; l'air qu'on y respire est, en général, pur et salubre; son territoire est fertile et mieux cultivé que dans les autres parties du monde.

L'étendue de l'Europe est de onze cents lieues environ du *nord* au *midi*, et de neuf cents lieues de l'*orient* à l'*occident*. Sa population est de cent soixante-dix-sept millions, environ, d'habitants.

L'Europe est bornée au *nord* par la mer glaciale; à l'*orient* par l'Asie; au *midi* par la Méditerranée qui la sépare de l'Afrique; à l'*occident* par l'Océan occidental. Elle est divisée en quatorze parties, savoir : quatre au nord, six au milieu, et quatre au midi.

Les quatre parties du nord sont :

1°. L'Angleterre, dont la capitale est *Londres*, sur la Tamise.

2°. Le Danemarck, dont la capitale est *Copenhague*.

3°. La Suède, dont la capitale est *Stockolm*.

4°. La Russie d'Europe, dont la capitale est *Saint-Pétersbourg*.

Les six du milieu sont :

1°. La France, dont la capitale est *Paris*, sur la Seine.

2°. La Confédération Suisse, dont les villes principales sont *Berne*, *Zurich*, *Lausanne* et *Bâle*.

3°. La Confédération Germanique, qui est composée de trente-neuf états.

4°. Les Possessions allemandes de l'empereur d'Autriche. La capitale est *Vienne* sur le Danube (1).

5°. Les Etats du roi de Prusse, qui ne font pas partie de la Confédération. La capitale est *Kœnisberg*, avec un port sur le Pregel (2).

6°. Le royaume des Pays-Bas, qui comprend quatre états : les Provinces-Unies, la Belgique, l'Evêché de Liége et le Grand-Duché de Luxembourg. Le roi fait sa résidence à La Haye.

Enfin, les quatre parties du midi sont :

1°. Le Portugal, dont la capitale est *Lisbonne*.

2°. L'Espagne, dont la capitale est *Madrid*.

---

(1) *Vienne* est capitale de l'Empire d'Autriche.

(2) *Kœnisberg* est capitale de la Prusse orientale.

3°. L'Italie, dont la capitale est *Rome*.

4°. La Turquie d'Europe, dont la capitale est *Constantinople*.

Les principales contrées de l'Europe sont : la France, l'Angleterre, l'Espagne, l'Italie, l'Allemagne, le Portugal, la Turquie, le Danemarck, la Suède et la Russie. — La Pologne était autrefois un royaume ; la Russie, la Prusse et l'Autriche se la partagèrent en 1795. Elle est aujourd'hui sous la domination de l'empereur de Russie, qui y tient un vice-roi, et qui en a été investi par un acte du Congrès de Vienne, à l'exception toutefois de la Galitzie que conserve la cour d'Autriche, et du palatinat de Posen, qui est resté à la maison de Brandebourg, avec la Prusse.

~~~~~~~

ASIE.

L'Asie est la partie du monde la plus étendue, la plus célèbre et la plus anciennement habitée. Elle a été le siége des plus anciennes monarchies, savoir : des Assyriens, des Mèdes, des Perses et des Parthes. La terre y produit abondamment du blé, du riz, du vin, du coton, des aromates et des fruits pleins de saveur. On y exploite de l'or, de l'argent, des perles et des pierreries. On y fabrique de belles étoffes de soie, des toiles
~~~~~~~

peintes, et de la porcelaine. Les animaux qu'on trouve plus particulièrement en Asie sont les lions, les léopards, les tigres, les rhinocéros, les chameaux et les éléphants ; on tire un grand parti de ces deux dernières espèces d'animaux.

Entre les lacs d'Asie, il y en a un tellement étendu, qu'on lui donne le nom de mer ; c'est la *mer Caspienne*. Ce lac a huit cents lieues de tour.

Les Asiatiques sont efféminés, oisifs et voluptueux ; il faut en excepter pourtant les Tartares. Ils ont d'ailleurs, en général, l'imagination vive, l'esprit pénétrant, l'élocution noble, quoique souvent ampoulée. Mais ils sont si avilis, que le despotisme exerce partout chez eux un empire absolu.

L'Asie est divisée en six parties principales, qui sont : 1°, la Turquie d'Asie ; 2°, l'Arabie ; 3°, la Perse ; 4°, l'Inde ; 5°, la Chine ; 6°, la grande Tartarie.

Remarque. Les principales îles de l'Asie sont celles du Japon, les îles des Larrons ou Mariannes, les îles Philippines, les îles Moluques, les îles Maldives, celles de la Sonde, l'île de Ceylan, celle de Rhodes et celle de Chypre.

~~~~~~

AFRIQUE.

L'AFRIQUE est la partie du monde la moins
~~~~~~

peuplée, elle est aussi moins tempérée que l'Europe et l'Asie ; mais elle est plus petite que l'Asie, et beaucoup plus grande que l'Europe. Les chaleurs y sont excessives, les fruits qu'elle produit sont délicieux ; cependant le pays est plein de sables, de déserts, de bois et de montagnes. On trouve en Afrique quelques mines d'or et d'argent ; mais elles sont négligées par les habitants de cette partie du monde. Il y a des lions, des tigres, des panthères, des rhinocéros, des éléphants, des caméléons, des chameaux, des singes, des autruches, etc.

Les Africains sont robustes, grossiers, lâches, et livrés au brigandage. Les lettres et les sciences sont ignorées parmi eux.

L'Afrique est divisée en douze parties principales qui sont : 1°. l'Égypte ; 2°. la Barbarie ; 3°. le Sahara ; 4°. la Guinée ; 5° la Nigritie ; 6°. la Nubie ; 7°. l'Abyssinie ; 8°. le Congo ; 9°. la Cafrerie ; 10°. le Bilédulgérid ; 11°. le Monomotapa ; 12°. le Zanguebar.

Remarque. Les principales îles de l'Afrique sont celles de Madagascar, de Bourbon, de France, de Madère, du Cap-Verd, de Sainte-Hélène, et les îles Canaries que les Anciens nommaient *Fortunées*, et qui appartiennent aux Espagnols.

NOUVEAU CONTINENT.

AMÉRIQUE.

L'Amérique forme un vaste continent qui était inconnu aux Anciens. Cette quatrième partie du monde a reçu son nom d'*Améric Vespuce*, Florentin ; mais l'honneur de l'avoir découverte en premier lieu appartient à *Christophe Colomb*, Génois. La nature du climat n'y est pas partout la même. L'air est fort chaud au milieu de l'Amérique ; il est très froid aux extrémités septentrionales et méridionales ; enfin il est tempéré dans le reste du pays. Le terroir est, en général, très fertile ; ses productions consistent en café, cannes à sucre, tabac, cacao, maïs, indigo, etc. On y trouve des mines d'or et d'argent, beaucoup de bois de teinture, et des animaux en tout genre, qui ne sont pas sur l'ancien continent.

Les Américains sont un peu basanés, robustes, ingénieux et fort agiles ; mais on prétend qu'ils sont naturellement fourbes et vindicatifs.

Quatre sortes de peuples habitent actuellement l'Amérique, savoir : les naturels du pays, qu'on nomme *Indiens* ; les Européens qui s'y sont établis; les Métis, c'est-à-dire ceux qui sont nés d'un Américain et d'une Européenne, ou d'un Européen et d'une Américaine; et les nègres que l'on y transporte de l'Afrique.

L'Amérique est divisée en deux grandes portions bien distinctes : la *septentrionale* et la *méridionale*; elles sont jointes par l'isthme de Panama, qui n'a guère que sept lieues de large.

AMÉRIQUE SEPTENTRIONALE.

L'Amérique septentrionale est divisée en six parties principales qui sont : 1°. la Nouvelle-France, contenant le Canada et la Louisiane ; 2°. la Californie ; 3°. les Etats-Unis ; 4°. le Vieux-Mexique ; 5°. le Nouveau-Mexique ; 6°. la Floride, ainsi appelée parce que Ferdinand Soto y aborda en 1534, un jour de Pâques fleuries. (Elle appartient aux Espagnols.)

AMÉRIQUE MÉRIDIONALE.

L'Amérique méridionale est divisée en sept parties principales qui sont : 1°. la Terre-ferme qu'on divise en Castille d'or et en Guiane ; 2°. le Pérou ; 3°. le Chili ; 4°. le pays des Amazones ; 5°. le Brésil ; 6°. le Paraguay ;

7°. la Terre Magellanique, ainsi nommée de Ferdinand Magellan, qui la découvrit en 1520.

Remarque. Les principales îles de l'Amérique sont les Açores, les Bermudes, les Lucayes, les grandes et les petites Antilles : les grandes sont Cuba, Saint-Domingue, la Jamaïque et Porto-Rico ; les petites sont la Martinique et la Guadeloupe.

~~~~~~

OBSERVATIONS GÉNÉRALES

SUR LES GOUVERNEMENTS.

Il y a cinq sortes de Gouvernements : le despotique, l'aristocratique, le démocratique, le monarchique et le fédératif.

Le gouvernement *despotique* est celui où le Souverain réunit le pouvoir de faire les lois et celui de les faire exécuter.

Le gouvernement *aristocratique* est celui d'un certain nombre de familles privilégiées qui jouissent de l'autorité suprême.

Le gouvernement *démocratique* est celui où une réunion de citoyens librement choisis par le peuple, exerce l'autorité souveraine.

Le gouvernement *monarchique* est celui où
~~~~~~

un seul homme exerce le pouvoir, en se conformant aux lois fondamentales de l'État.

Le gouvernement *fédératif* est une réunion de plusieurs États indépendants les uns des autres, mais se coalisant pour leurs intérêts communs.

DE LA FRANCE.

La France peut être considérée comme le pays le plus avantageusement situé de l'Europe ; ses habitants sont actifs, industrieux et très-propres aux sciences. Elle portait autrefois le nom de *Gaule ;* nulle contrée du monde n'a fourni autant d'hommes de génie. Elle est bornée au nord par la mer Baltique ; à l'occident, par l'Océan ; au midi, par la mer Méditerranée et par les monts Pyrénées qui la séparent de l'Espagne ; enfin elle est bornée à l'orient par les Alpes et le Rhin ; (les Alpes la séparent de l'Italie, de la Savoie et de la Suisse : le Rhin la sépare de l'Allemagne.)

Avant la nouvelle division du territoire français, décrétée par l'Assemblée nationale, la France était divisée en 32 gouvernements ou provinces ; en voici le tableau pour l'intelligence de l'histoire, avec les noms des villes capitales.

Provinces.	Capitales.
La Flandre,	*Lille.*
L'Artois ,	*Arras.*
La Picardie ,	*Amiens.*
La Normandie,	*Rouen.*
L'Ile-de-France ,	*Paris.*
La Champagne,	*Troyes.*
La Lorraine ,	*Nancy.*
L'Alsace ,	*Strasbourg.*
La Bretagne,	*Rennes.*
Le Maine ,	*Le Mans.*
L'Anjou ,	*Angers.*
La Touraine,	*Tours.*
L'Orléanais ,	*Orléans.*
Le Berri,	*Bourges.*
Le Nivernais,	*Nevers.*
La Bourgogne ,	*Dijon.*
La Franche-Comté ,	*Besançon.*
Le Poitou ,	*Poitiers.*
L'Aunis ,	*La Rochelle.*
La Marche ,	*Guéret.*
Le Bourbonnais ,	*Moulins.*
La Saintonge ,	*Saintes.*
Le Limosin ,	*Limoges.*
L'Auvergne ,	*Clermont.*
Le Lyonnais ,	*Lyon.*

Provinces.	*Capitales.*
Le Dauphiné ,	*Grenoble.*
La Guyenne ,	*Bordeaux.*
Le Béarn ,	*Pau.*
Le Comté de Foix,	*Foix.*
Le Roussillon ,	*Perpignan.*
Le Languedoc ,	*Toulouse.*
La Provence ,	*Aix.*

La France est divisée aujourd'hui en quatre-vingt-six départements (ou préfectures) ; ils sont placés ci-après dans l'ordre alphabétique (1). La population de la France s'élève à vingt-neuf millions et plus, d'habitants. Les fleuves qui l'arrosent sont la Seine, la Loire, le Rhône, la Garonne, le Rhin, la Meuse et l'Escaut. Les rivières principales sont la Marne, le Cher, la Moselle, la Somme, la Vienne, l'Indre, la Saône, l'Aveyron, la Durance, le Lot et la Dordogne. — Les montagnes les plus hautes de la France sont les Alpes, qui la séparent de la Suisse ; les Apennins, qui traversent toute l'Italie ; les Pyrénées, qui la

______

(1) Nous avons perdu 44 Départements ; ils faisaient partie des Pays-Bas et de l'Italie : avec eux, nous avons perdu l'avantage de pouvoir citer les grands hommes qui y ont reçu le jour et dont nous avions fait mention jusqu'ici ; nous y suppléerons en les rappelant à la fin de la nomenclature de nos 86 Départements.

bornent du côté de l'Espagne ; les Cévennes, le Cantal, le Jura, les Vosges, etc.

~~~~~~

1. *Département de l'Ain.*

La rivière de l'Ain a fait ainsi nommer ce département. Ses villes les plus connues sont Bourg (chef-lieu), Trévoux, Belley, Nantua. (Le grammairien *Vaugelas* et l'astronome *Lalande* sont nés à Bourg.)

~~~~~~

2. *Département de l'Aisne.*

La rivière de l'Aisne a donné son nom à ce département. Ses villes les plus considérables sont Laon (chef-lieu), Soissons, Saint-Quentin, La Fère, Château-Thierry, Vervins, Ribemont. (L'astronome *Méchain* est né à Laon. Soissons a donné le jour à *Gaillard*, auteur de la *Rhétorique des Demoiselles*, etc. A Saint-Quentin est né Jean *Hennuyer* (1), évêque de Lisieux. Château-Thierry a vu naître l'inimitable *La Fontaine*. Ribemont est la patrie du marquis de *Condorcet*, membre de l'Académie des sciences.)

----

(1) Il vécut sous Charles VIII, Louis XII, François I, Henri II, François II, Charles IX et Henri III.

3. *Département de l'Allier.*

Ce département tire son nom de la rivière appelée *Allier*. On y remarque Moulins (chef-lieu), Vichy, Mont-Luçon, La Palice, Cusset, Gannat, Bourbon-l'Archambaut. (Les maréchaux *Bervick* et *Villars* sont nés à Moulins. Bourbon-l'Archambaut est renommé pour ses eaux minérales.)

4. *Département des Alpes (basses.)*

Ce département tire son nom des Alpes qu'il avoisine dans leur partie la plus basse. Ses villes remarquables sont Digne (chef-lieu), Riez, Forcalquier, Sisteron, Barcelonnette, Castellane.

5. *Département des Alpes (hautes.)*

Ce département tire son nom de la partie haute des Alpes, dans laquelle il est situé. Les villes les plus connues de ce département sont Gap (chef-lieu), Embrun, Briançon, Serres.

6. *Département de l'Ardèche.*

La rivière de l'Ardèche qui parcourt ce département, lui a fait donner son nom. Il renferme les communes suivantes : Privas (chef-lieu), Tournon, Viviers, l'Argentière, Annonay. (Cette dernière ville est célèbre pour ses manufactures de papiers.)

* * *

7. *Département des Ardennes.*

Ce département tire son nom de la forêt dite des *Ardennes.* Ses villes principales sont Mézières (chef-lieu), Charleville, Sedan, Rethel, Rocroy, Givet, Vouziers. (*Turenne* est né dans le château de la ville de Sedan. *Longueil*, graveur très distingué, et le savant compositeur *Méhul* sont nés à Givet. Allend'huy, chef-lieu de la sous-préfecture de Vouziers, est la patrie de *Batteux*, auteur du Cours des Belles-Lettres, etc. *Corvisart*, très habile médecin, est né à Dricourt, canton de Vouziers.)

* * *

8. *Département de l'Arriège.*

Ce département tire son nom de la rivière dite *Arriège*, qui roule avec le sable des paillettes d'un or pur. Ses villes les plus dignes de remarque sont Foix (chef-lieu), Tarascon,

Mirepoix, Pamiers, Saint-Girons, Saint-Li-
zier, le Carlat. (Le Carlat est la patrie de
Pierre *Bayle.*)

9. *Département de l'Aube.*

La rivière de l'Aube a donné son nom à ce
département. Ses principales communes sont
Troyes (chef-lieu), Bar-sur-Aube, Bar-sur-
Seine, Arcis-sur-Aube, Nogent-sur-Seine.
(Troyes a donné le jour au peintre *Mignard*,
au sculpteur *Girardon*, au savant *Passerat*, et
aux deux frères Pierre et François *Pithou*, écrivains justement célèbres.)

10. *Département de l'Aude.*

Ce département est ainsi nommé à cause de
sa principale rivière : l'*Aude*. On y remarque
Carcassonne (chef-lieu), Narbonne, Aleth,
Saint-Papoul, Castelnaudary. (Carcassonne,
qui a donné le jour à un poëte agréable, connu
parmi nous sous le nom de Père *Venance*,
capucin (1), a vu naître aussi *Fabre-d'Eglan-
tine*. Narbonne est la patrie du musicien *Mon-
donville*.)

____

(1) Il se nommait *Dougados*.

~~~~

11. *Département de l'Aveyron.*

Le nom donné à ce département, lui vient de la rivière appelée *Aveyron*, qui le divise de l'est à l'ouest. Ses villes les plus connues sont Rhodez (chef-lieu), Villefranche, Milhaud, Saint-Géniez, Sainte-Afrique. (L'académicien *Ségui* est né à Rhodez. Villefranche est la patrie de *Pechméja*, auteur du roman poétique intitulé *Télèphe.* Le philosophe *Raynal* (1) est né à Saint-Géniez.)

~~~~

12. *Département des Bouches-du-Rhône.*

Ce département doit son nom aux différentes embouchures du Rhône. Ses principales villes sont Marseille (chef-lieu), Aix, Arles, Tarascon, la Ciotat. (Marseille a vu naître le sculpteur *Puget; Mascaron, Dumarsais, Dulard,* et *Barthe,* poète aimable et spirituel. Aix est la patrie de *Tournefort,* de *Brueys,* de *Gibert,* connu par sa *Rhétorique;* de Jean-Baptiste et de Charles *Vanloo,* peintres fameux; de *Mi-*

____

(1) Auteur de l'*Histoire philosophique et politique des Deux Indes.*

rabeau, orateur célèbre, et d'*Adanson*, naturaliste fort estimé. L'auteur de l'immortel *Voyage du jeune Anacharsis*, l'abbé *Barthélemy*, est né à Cassis, petit port voisin d'Aubagne. Le savant grammairien *Domergue* est né à Aubagne, aux environs d'Aix.)

13. *Département du Calvados.*

Un rocher placé sur la côte a donné son nom à ce département. Ses villes remarquables sont Caën (chef-lieu), Baïeux, Vire, Pont-l'Evêque, Falaise, Lisieux. (Les poètes *Malherbe* et *Ségrais* sont nés à Caën.)

14. *Département du Cantal.*

Une montagne qu'on nomme le *Cantal*, a donné son nom à ce département, où l'on remarque Saint-Flour (chef-lieu), Aurillac, Murat, Mauriac. (Saint-Flour est la patrie du poète tragique *du Belloy*.)

15. *Département de la Charente.*

La Charente qui arrose ce département, lui

a donné son nom. Entre autres villes, on y remarque Angoulême (chef-lieu), Cognac, célèbre par ses eaux-de-vie, Barbézieux, Ruffec. (Angoulême a vu naître le poète *Saint-Gelais*, *Balzac* et d'*Ussieux*, écrivains agréables, et le célèbre *Montalembert*.)

16. *Département de la Charente inférieure.*

Ce département, qui est arrosé par la partie la plus basse de la Charente, tire son nom de la situation de cette rivière. Ses villes les plus connues sont la Rochelle (chef-lieu), Saintes, Rochefort, l'île de Rhé, l'île d'Oléron. (La Rochelle a produit le célèbre *Réaumur*, et *Dupaty*, auteur des *Lettres sur l'Italie*. Rochefort est la patrie de *la Gallissonnière*, marin distingué.)

17. *Département du Cher.*

Ce département doit son nom à sa principale rivière. Ses villes les plus considérables sont Bourges (chef-lieu), Sancerre, Aubigny, Saint-Amand. (A Bourges sont nés le Père d'*Orléans*, le Père *Bourdaloue*, et *Sigaud-de-la-Fond*, physicien très estimé.)

18. *Département de la Corrèze.*

Ce département a pris son nom de la rivière de la Corrèze, parce qu'elle arrose la ville de Tulle qui en est la capitale. Ses villes les plus remarquables sont Tulle (chef-lieu), Brive-la-Gaillarde, Ussel, Turenne, Uzerche. (Le Cardinal *Dubois*, ministre ambitieux, naquit à Brive-la-Gaillarde.)

19. *Département da la Corse.*

L'île de Corse a donné son nom à ce département. Ses villes principales sont Ajaccio (chef-lieu), Sartène, Bonifacio, Bastia, Vico, Calvi, Corté. (*Buonaparte* est né a Ajaccio le 15 août 1769.)

20. *Département de la Côte-d'Or.*

Une côte fertile en raisins délicieux a donné son nom à ce département. On y distingue les villes suivantes : Dijon (chef-lieu), Beaune, Arnay-le-Duc, Semur. (Dijon a produit plusieurs hommes distingués, savoir : le traducteur

Bouhier, Longepierre, poète tragique, *Crébillon, Bossuet, Rameau, Bret,* commentateur de Molière; le poète *la Monnoie, Piron, Clément,* écrivain satyrique, et le savant helléniste *Larcher.* Le célèbre *Monge* est né à Beaune. *Saumaise,* savant très connu, a reçu le jour à Semur.)

~~~~~~

21. *Département des Côtes du Nord.*

Ce département dont les côtes sont exposées au nord de la ci-devant Bretagne, tire son nom de sa position. Il renferme Saint-Brieuc (chef-lieu), Dinan, Loudéac, Lamballe, Guingamp. (L'Académicien *Duclos* a vu le jour à Dinan.)

~~~~~~

22. *Département de la Creuse.*

La Creuse, rivière assez considérable, a fait ainsi appeler ce département où nous remarquons Guéret (chef-lieu), Boussac, Bourganeuf, Evaux et Aubusson, célèbre par ses manufactures de tapisseries. (Guéret est la patrie de *Varillas,* auteur d'une *Histoire de France.*)

23. *Département de la Dordogne.*

Ce département tire son nom de sa principale rivière. On y distingue Périgueux (chef-lieu), Brantôme, Bergerac, Sarlat, Riberac. (Le poète *Cyrano* est né à Bergerac. *La Grange-Chancel*, auteur des *Philippiques*, est né dans le château d'Antoniac, près de Périgueux. Sarlat a vu naître le romancier *la Calprenède*. Au château de Montaigne est né le bon et vertueux Michel *Montaigne*, auteur des ESSAIS, qu'on peut appeler le *Bréviaire des honnêtes-gens.*)

24. *Département du Doubs.*

La rivière du Doubs a donné lieu à la dénomination imposée à ce département. Ses villes les plus considérables sont Besançon (chef-lieu), Ornans, Pontarlier, Baume, Saint-Hippolyte. (Besançon est la patrie du poète *Mairet*, de l'historien *Millot*, du Père *Elisée*, célèbre prédicateur, et de l'académicien *Suard*. Baume a donné le jour à *Coyer*, connu par ses *Bagatelles morales.*)

25. *Département de là Drôme.*

La rivière appelée *Drôme* a donné son nom à ce département qui renferme, entre autres villes, Valence (chef-lieu), Montelimart, Nions, Romans, Die, Saint-Paul-trois-Châteaux. (Le Jésuite *Sautel*, auteur de l'ouvrage latin intitulé *Lusus poëtici*, etc. est né à Valence.)

26. *Département de l'Eure.*

Ce département est ainsi nommé de sa rivière principale. Ses villes les plus considérables sont Evreux (chef-lieu); Bernay, Louviers, Pont-Audemer, les Andelys, Ivry, Lions. (*Vallemont*, auteur des *Elémens d'histoire*, est né à Pont-Audemer. Les Andelys ont donné le jour à l'illustre *le Poussin* et à l'aéronaute *Blanchard*. Ivry est célèbre par la bataille gagnée en 1590 par Henri IV. Le poète *Benserade* est né à Lions.)

27. *Département d'Eure et Loir.*

L'Eure et le Loir ont déterminé la dénomination qu'on a appliquée à ce département. Ses villes les plus connues sont Chartres (chef-lieu), Dreux, Châteaudun, Nogent-le-Roi, Janville, Maintenon. (Chartres est la patrie du poète *Regnier*, des médecins *Bouvard* et *Roussel*, du savant *Nicole*, du général *Marceau*, et de *Dussaulx*, excellent traducteur de Juvénal. Dreux a donné le jour au poète *Rotrou*. Janville a vu naître *Colardeau*, si connu par ses vers tendres et délicats. Le bon et honnête *Collin-d'Harleville* est né à Maintenon.)

28. *Département du Finistère.*

La dénomination de *Cap Finistère* donnée par les Anciens au promontoire du nord-est de l'Espagne, a été imposée à ce département, qui est la partie la plus avancée en mer vers l'ouest. Ses principales villes sont Quimper (chef-lieu), Brest, Landernau, Morlaix, Saint-Pol-de-Léon. (Quimper est la patrie de *Fréron*, l'antagoniste de Voltaire.)

29. *Département du Gard.*

Ce département tire son nom de sa rivière principale : le *Gard*. Ses villes les plus remarquables sont Nîmes (chef-lieu), Uzès, Alais,

Beaucaire, célèbre par sa foire, Vallerangue, Pont-Saint-Esprit. (Nîmes a vu naître *Court de Gébelin*, auteur du *Monde primitif*, et *Imbert*, fabuliste, auteur du *Jaloux sans amour*, etc. Vallerangue est la patrie de *la Beaumelle*.)

~~~~~~~

30. *Département de la Garonne (haute).*

Ce département est ainsi appelé, parce que, du côté du sud, il s'étend presque jusqu'aux sources de la Garonne. Il renferme les principales villes qui suivent : Toulouse (chef-lieu), Rieux, Castel-Sarrasin, Villefranche, Saint-Bertrand, Muret, Saint-Gaudens. (Toulouse a vu naître *Cujas*, fameux jurisconsulte ; *de Pibrac*, *Campistron*, élève de Racine ; *Palaprat*, collaborateur de Brueys ; les poètes *Maynard* et *Péchantré* ; *Tourreil*, traducteur de Démosthène, et *Cailhava* qui, de nos jours, a très bien écrit sur l'art de la Comédie.)

~~~~~~~

31. *Département du Gers.*

Ce département doit son nom à la rivière qui le traverse, appelée *Gers*. On y compte plusieurs villes connues, qui sont Auch (chef-lieu), Condom, Lectoure, Masseube, Mirande, Lombez. (Près d'Auch est né le fameux cardinal d'*Ossat.* Condom est la patrie de Scipion *Dupleix*, historiographe de France.)

~~~~~

32. *Département de la Gironde.*

Une rivière appelée *Gironde* a donné lieu à la dénomination qu'on a imposée à ce département. Ses villes les plus considérables sont Bordeaux (chef-lieu), La Réole, Libourne, Blaye, Bazas, Lesparre, Cadillac. (Bordeaux a vu naître le poète latin *Ausone,* et *Berquin*, l'ami des enfants. Le célèbre *Montesquieu*, auteur de l'*Esprit des lois*, est né dans les environs de Bordeaux.)

~~~~~

33. *Département de l'Hérault.*

Ce département porte le nom de sa principale rivière. Les cités les plus connues de ce département sont Montpellier (chef-lieu), Béziers, Lodève, Cette, Agde, Pézénas, Saint-Pons. (Montpellier a donné le jour à *la Peyronie*, fondateur de l'ancienne Académie de Chirurgie ; à *Roucher*, auteur du poème des *Mois* ; à *Vien*, peintre célèbre. Béziers a vu naître *Pélisson*, et *Barbeyrac*, traducteur de Puffendorf. Le jésuite *Vanière*, auteur du *Præ-*

dium rusticum, est né à Causses, dans le territoire de Béziers.)

~~~~~~

34. *Département de l'Ille et Villaine.*

Ce département porte le nom de sa principale rivière et d'une autre petite rivière qu'elle
reçoit à sa gauche. Ses villes principales sont
Rennes (chef-lieu), Saint-Malo, Dol, Fougères,
Vitré, Rédon, Montfort. (Rennes a produit
plusieurs écrivains connus : *Saint-Foix*, auteur
des *Essais sur Paris ; la Bletterie*, traducteur
de Tacite, *Gerbier*, avocat célèbre, *Ginguené*,
savant littérateur, et *Geoffroi*, critique spirituel,
mais très partial. Saint-Malo a donné le jour
à *Duguay-Trouin*, et à *Maupertuis*, l'un célèbre dans la marine, et l'autre, dans les sciences
exactes.)

~~~~~~

35. *Département de l'Indre.*

La rivière de l'Indre a donné son nom à ce
département, où l'on remarque Châteauroux
(chef-lieu), Issoudun, Argenton, le Blanc, la
Châtre. (Châteauroux a donné le jour au poète
Guimond de la Touche. Issoudun est la patrie
du comédien *Baron*, du savant jésuite *Berthier*,
et du laborieux *Luneau de Boisgermain*.)

36. *Département d'Indre et Loire.*

Ce département porte le nom de ses deux rivières les plus considérables : *Indre* et *Loire*. On y distingue les villes de Tours (chef-lieu), d'Amboise, de la Haye, de Chinon et de Loches. (*Destouches*, René *Rapin*, *Hardion*, et la belle *Gabrielle d'Estrées*, sont nés à Tours. La Haye se glorifie d'avoir donné le jour à *Descartes*. Le joyeux *Rabelais* a pris naissance dans les environs de Chinon.)

37. *Département de l'Isère.*

L'Isère traverse ce département qui en a pris le nom. Ses villes les plus connues sont Grenoble (chef-lieu), Vienne, Saint-Marcellin, la Tour-du-Pin, Bourgoin. (Grenoble a produit le chevalier *Baïard*, Madame *de Tencin*, le poète gentil *Bernard*, le fameux *Vaucanson*, *Condillac*, *Mably*, *Barnave*, et le généreux docteur *Mazet*.)

38. *Département du Jura.*

Ce département est ainsi appelé du mont Jura.

On remarque dans ce département les villes suivantes : Lons-le-Saunier (chef-lieu), Dôle, Salins, Arbois, Saint-Claude, Poligny. (Lons-le-Saunier est la patrie de *Guyon*, continuateur de l'*Histoire Romaine* commencée par *Eschard*. Salins a vu naître l'abbé *d'Olivet*, savant prosodiste et traducteur. Arbois a donné le jour au général *Pichegru*.)

~~~~~~~

39. *Département des Landes.*

Ce département, couvert de bruyères, a reçu son nom de la mauvaise qualité de son sol (1). On y remarque Mont-de-Marsan (chef-lieu), Saint-Sever, Dax, Aire, Tartas. (*Saint Vincent de Paule* est né aux environs de Dax.)

~~~~~~~

40. *Département de Loir et Cher.*

Ce département tire son nom des deux rivières : Cher et Loir. Ses villes les plus connues sont Blois (chef-lieu), Vendôme, Romorentin, Mers, Saint-Aignan. (Le poète *Saint-Ange* a reçu le jour à Blois. *Ronsard* est né à Vendôme. Mers est la patrie du ministre *Jurieu*.)

---

(1) Des landes sont des terres où il ne croît que de la bruyère.

41. *Département de la Loire.*

La Loire a donné lieu à la dénomination appliquée à ce département, où l'on trouve Montbrison (chef-lieu), Saint-Étienne, Roanne, Feurs. (Montbrison est la patrie du savant abbé *Duguet*; Feurs, celle du célèbre anatomiste *Duverney*.)

42. *Département de la Loire (haute).*

La Loire qui prend sa source sur les confins de ce département, lui a donné son nom. On y distingue le Puy (chef-lieu), Monistrol, Brioude, Yssingeaux. (Le Puy est la patrie du cardinal *de Polignac*, auteur de l'*Anti-Lucrèce*, excellent poème latin.)

43. *Département de la Loire inférieure.*

Ce département tire son nom de la rivière qui le traverse et à l'embouchure de laquelle il se trouve. Ses villes dignes de remarque sont Nantes (chef-lieu), Ancenis, Guérande, Paimbœuf, Savenay, Châteaubriand. (Nantes a donné le jour au poète *le Pays*, dont Boileau parle dans sa troisième satyre.)

~~~~~

44. *Département du Loiret.*

Ce département tire son nom d'une petite rivière appelée *Loiret*. Ses villes les plus considérables sont Orléans (chef-lieu), Pithiviers, Montargis, Gien, Beaugency. (Orléans a vu naître *Pétau*, savant chronologiste; le traducteur *Gédoyn*, le poète *Cailly*, *Amelot de la Houssaye*, historien, l'acteur *Brizard*, et le célèbre médecin Antoine *Petit*.)

~~~~~

45. *Département du Lot.*

La rivière qui est appelée *Lot*, a donné à ce département la dénomination qu'il a reçue. On y remarque Cahors (chef-lieu), Gourdon, Figeac. (Clément *Marot* est né à Cahors.)

~~~~~

46. *Département de Lot et Garonne.*

Ce département a reçu son nom de la Garonne et du Lot qui l'arrosent. Ses villes les plus considérables sont Agen (chef-lieu), Nérac, Marmande, Villeneuve-d'Agen, Castel-Jaloux, Valence. (Agen est la patrie de l'historien *Sulpice-Sévère,*
~~~~~

et de Joseph *Scaliger*, un des hommes les plus érudits de son siècle.)

~~~~~~

47. *Département de la Lozère.*

Ce département est ainsi appelé du nom d'une des plus hautes montagnes de l'ancien Gévaudan. On y distingue Mende (chef-lieu), Marvejols, Florac, Villefort, Bagnols-les-Bains. (Le poète *Rivarol* est né dans ce bourg, qui est célèbre par ses eaux minérales.)

~~~~~~

48. *Département de Maine et Loire.*

Ce département tire son nom de ses deux principales rivières : la Loire et la Mayenne. (Celle-ci s'appelle *Maine* dans l'endroit où elle se grossit de la Sarthe et du Loir.) Ses villes principales sont Angers (chef-lieu), Saumur, Segré, Beaugé, Beaupréau, Chollet, Fontevrault. (Angers est la patrie de Gilles *Ménage*. Madame *Dacier* est née à Saumur.)

~~~~~~

49. *Département de la Manche.*

Ce département qui, du nord au midi,
~~~~~~

offre une longue côte baignée par la Manche, a reçu son nom de sa position. Ses villes les plus considérables sont Saint-Lô (chef-lieu), Coutances, Mortain, Avranches, Cherbourg, célèbre par son port, Carentan, Valogne. (Cette dernière commune a donné le jour à *Le Tourneur* qui a traduit *Young*, et à l'abbé *Le Monnier*, un de nos plus agréables fabulistes, traducteur de Térence.)

5o. *Département de la Marne.*

Ce département tire son nom de la rivière de Marne. Ses villes les plus connues sont Châlons-sur-Marne (chef-lieu), Rheims, Vitry, Sainte-Menehould, Epernay. (Châlons a vu naître *Perrot d'Ablancourt*. Rheims a donné le jour à *Pluche*, auteur du *Spectacle de la Nature*. Epernay est connu par ses vins.)

5i. *Département de la Marne (haute.)*

Ce département est ainsi appelé de la Marne qui y prend naissance. Ses villes les plus connues sont Chaumont (chef-lieu), Langres, Vassy, Bourbonne-les-bains. (*Bouchardon*, très habile sculpteur, a reçu le jour à Chaumont; et non loin de là est né *Dupuy*, l'auteur de l'origine des cultes. Langres est la patrie de *Diderot*, collaborateur de d'Alembert.)

52. *Département de la Mayenne.*

La rivière de la Mayenne a fourni le nom qu'on a donné à ce département. Ses villes remarquables sont Laval (chef-lieu), Mayenne, Craon, Château-Gonthier. (Laval a donné le jour à Ambroise *Paré*, chirurgien célèbre. Craon est la patrie de *Volney*, auteur des *Ruines*.)

53. *Département de la Meurthe.*

La rivière de la Meurthe a donné à ce département la dénomination qu'on lui a imposée. Ses villes principales sont Nanci (chef-lieu), Lunéville, Pont-à-Mousson, Toul, Château-Salins, Sarrebourg. (Nanci est la patrie de *Callot*, dessinateur très distingué, de Madame *Graffigny*, auteur des *Lettres péruviennes*, des excellents poètes *Saint-Lambert* et *Boufflers* ; et de *Palissot*, connu par sa *Dunciade*. Le fameux acteur *Monvel* est né à Lunéville.)

54. *Département de la Meuse.*

La rivière de la Meuse a fait ainsi appeler ce département. Ses villes les plus considérables sont Bar-sur-Ornain (chef-lieu), Verdun, Montmédy, Saint-Mihel, Vaucouleurs. (Verdun a vu naître le maréchal *Vauban*, et le célèbre grammairien *Beauzée*. Vaucouleurs est la patrie de *Jeanne d'Arc*, de Claude *Delisle*, géographe, et de *l'Advocat*, auteur d'un Dictionnaire des grands hommes.)

55. *Département du Morbihan.*

Ce département a pris son nom d'un grand golfe qui se trouve au sud de Vannes. *Morbihan*, en langage du pays, signifie *mer*. Ses villes les plus connues sont Vannes (chef-lieu), Lorient, Hennebond, Ploërmel, Pontivy, Port-Louis.

56. *Département de la Moselle.*

Ce département tire son nom de la rivière de la Moselle. Ses villes les plus remarquables sont Metz (chef-lieu), Longwy, Thionville, Sarre-

Louis, Sarguemines. (Le maréchal *Fabert* et le fameux dessinateur Sébastien - *Leclerc* sont nés à Metz.)

~~~~~~

57. *Département de la Nièvre.*

Une petite rivière peu connue, dont le nom est *Nièvre*, a fait ainsi appeler ce département, où sont Nevers (chef-lieu), Cosne, Château-Chinon, Clamecy, la Charité. (Nevers est la patrie du poète-menuisier *Billaut*, surnommé *Maître-Adam*.)

~~~~~~

58. *Département du Nord.*

Ce département tire son nom de sa position géographique à l'égard des départements de l'ancienne France. Ses villes principales sont Lille (chef-lieu), Douai, Valenciennes, Cambrai, Dunkerque, Maubeuge, Avesnes, Landrecies, Bergues, Hazebrouck, le Quesnoi. (Jean *de Bologne*, fameux sculpteur, est né à Douai. Valenciennes a donné le jour à *Wateau*, paysagiste distingué. Cambrai a vu naître les célèbres sculpteurs *Marsi*. Le fameux *Jean Bart* est né à Dunkerque. Landrecies a donné le jour à *Shée*, militaire distingué.)

59. *Département de l'Oise.*

La rivière d'Oise a donné son nom à ce département. Ses villes principales sont Beauvais (chef-lieu), Compiègne, Noyon, Senlis, Clermont. (Beauvais est la patrie de *Restaut*, de *Loysel*, du savant *Lenglet-Dufresnoy* et de l'abbé *Dubos*. *Calvin* est né à Noyon ; *Beaumé*, à Senlis, et l'immortel auteur de Phèdre, Jean *Racine*, à la Ferté-Milon, près de Crespy.)

60. *Département de l'Orne.*

Ce département tire son nom de sa principale rivière : l'*Orne*. Ses villes les plus connues sont Alençon (chef-lieu), Domfront, Mortagne, l'Aigle, Séez, Argentan. (Dans les environs d'Argentan est né l'historien *Mézeray*. A trois lieues de Mortagne était la fameuse abbaye de la Trappe.)

61. *Département du Pas-de-Calais.*

Ce département a emprunté son nom du détroit appelé *passage* ou *pas de Calais*, qui sépare la France de l'Angleterre. Ses villes principales sont Arras (chef-lieu), Saint-Omer, Béthune,

Aire, Bapaume, Montreuil, Hesdin, Saint-Pol, Boulogne, Calais. (Hesdin est la patrie de l'abbé *Prévôt*, auteur de l'histoire générale des voyages et d'une foule de romans traduits de l'anglais.)

---

62. *Département du Puy-de-Dôme.*

Ce département tire son nom d'une montagne en forme de cône, appelée *Puy-de-Dôme*. Ses principales villes sont Clermont-Ferrand (chef-lieu), Riom, Issoire, Aigue-Perse, Thiers. (Clermont-Ferrand a produit le célèbre *Pascal*; *Bannier*, traducteur d'Ovide; le grammairien *Girard*; *Domat*, savant jurisconsulte; le vertueux *Thomas*, et le caustique *Champfort*, tous deux de l'Académie Française. *Danchet* est né à Riom. Aigue-Perse est la patrie du Chancelier *l'Hôpital*, et d'un poète célèbre de nos jours, *Jacques Delille*.)

---

63. *Département des Pyrénées (basses.)*

Les monts Pyrénées qui touchent ce département au midi, et qui s'abaissent sensiblement dans cette partie, lui ont donné le nom de département des Basses-Pyrénées. Ses villes

les plus considérables sont Pau (chef-lieu), Oléron, Saint-Jean-Pied-de-Port, Baïonne, Mauléon, Ortez, Lescar, Saint-Palais. (Pau est la patrie de *Henri quatre*, de ce monarque chéri

« De qui tout bon Français doit garder la mémoire. »)

64. *Département des Pyrénées (hautes.)*

Ce département tire son nom de la partie des Pyrénées, qui le sépare de l'Espagne. Les lieux les plus remarquables de ce département sont Tarbes (chef-lieu), Lourdes, Bagnères, Barèges. (Ces deux dernières villes sont renommées par leurs eaux minérales.)

65. *Département des Pyrénées orientales.*

Ce département doit son nom à cette partie des Pyrénées qu'il occupe. Ses villes les plus considérables sont Perpignan (chef-lieu), Bellegarde, Collioure, Prades, Ville-Franche, Céret, Mont-Louis. (Perpignan est la patrie de *Rigaud*, excellent peintre en portraits.)

66. *Département du Rhin (bas.)*

L'embouchure du Rhin a fait ainsi appeler

ce département. Entre autres villes , on y distingue Strasbourg (chef-lieu), Weissembourg, Saverne , Schelestadt , Landau , Molsheim , Haguenau. (Strasbourg est la patrie du savant *Obrecht* et de *Levrault*, humaniste distingué.)

~~~~~~

67. *Département du Rhin (haut.)*

Ce département tire son nom de la partie supérieure du Rhin. Ses villes les plus connues sont Colmar (chef-lieu), Altkirck, Porentruy, Délemont, Huningue , Béfort. (Colmar est la patrie du général *Rapp*. Béfort a donné le jour à l'abbé *Delaporte*, auteur du *Voyageur français*.)

~~~~~~

68. *Département du Rhône.*

Le Rhône a donné son nom à ce département. Ses villes les plus connues sont Lyon (chef-lieu), et Villefranche. (Lyon est la patrie du savant *Montuclà*, auteur de l'*Histoire des Mathématiques;* de *Rochefort*, à qui l'on doit une traduction d'Homère; de l'abbé *Terrasson*, des célèbres sculpteurs *Coustou* et *Coysevox*, du médecin *Falconet* , du poète *Ver-*

gier, de l'infatigable *Rozier*, de *Borde*, poète agréable, de *Poivre* qui naturalisa en 1766 le goût de l'agriculture et des arts à l'île de France, de l'abbé *Morellet*, et de Camille *Jordan*.)

~~~~~~~

69. *Département de la Saône (haute.)*

La partie supérieure de la Saône a fait ainsi nommer ce département, dans lequel on distingue Vesoul (chef-lieu), Luxeuil, Gray, Lure. (Luxeuil est très connu par ses eaux minérales.)

~~~~~~~

70. *Département de Saône et Loire.*

Les rivières de la Saône et de la Loire ont donné leur nom à ce département. Ses villes les plus considérables sont Mâcon (chef-lieu), Chalons-sur-Saône, Autun, Bourbon-Lanci, Louhans, Charolles. (Le poète *Sénecé* a reçu le jour à Mâcon.)

~~~~~~~

71. *Département de la Sarthe.*

La rivière appelée *Sarthe* a donné son nom à ce département, dont les villes les plus connues sont le Mans (chef-lieu), la Flèche, Mamers, Saint-Calais, Sablé, la Ferté-Ber-
~~~~~~~

nard. (Le Mans est la patrie du Père *Lamy*, de *Forbonnais*, savant économiste, et de *Tressan*, poète justement estimé.)

---

72. *Département de la Seine.*

La Seine, qui traverse Paris, capitale de la France, a fait ainsi nommer ce département, dont la principale ville est PARIS, qui peut être regardé comme la première cité du monde, tant par sa population, que par l'activité, l'industrie et les lumières de ses habitants. Cette ville a produit une foule de personnages illustres. Saint-Denis et Bourg-la-Reine sont les endroits les plus connus de ce département, après Paris, qui en est le chef-lieu.

---

73. *Département de la Seine inférieure.*

L'embouchure de la Seine a fait ainsi nommer ce département. Ses villes les plus considérables sont Rouën (chef-lieu), le Hâvre, Dieppe, Caudebec, Gournay, Yvetot, Neufchâtel. (Rouën a vu naître les deux *Corneille*, le P. *Brumoy*, le savant *Fontenelle*, le P. *Sanadon*, le peintre *Jouvenet*, le P. *Berruyer*, l'abbé *Desfontaines*, traducteur de Virgile, *Valmont de Bomare*, et *Guéroult*, traducteur de Pline l'ancien. Le Hâvre a donné le jour à Georges

Scudéri, à Mademoiselle *Scudéri*, et à Madame *Dubocage*. Le célèbre marin *Duquesne* est né à Dieppe.)

~~~~~~

74. *Département de Seine et Marne.*

Ce département tire son nom de deux rivières : la Marne et la Seine. Ses villes principales sont Melun (chef-lieu), Meaux, Provins, Nemours, Coulommiers, Fontainebleau. (Melun est la patrie d'*Amyot*, traducteur de Plutarque. *Lanoue*, auteur de *la Coquette corrigée*, a reçu le jour à Meaux. Nemours a vu naître *Bezout*, mathématicien fort estimé. *Dancourt* est né à Fontainebleau.)

~~~~~~

75. *Département de Seine et Oise.*

Deux rivières : l'Oise et la Seine, ont donné leur nom à ce département, dont les villes principales sont Versailles (chef-lieu), Saint-Germain, Pontoise, Rambouillet, Dourdan, Mantes, Poissy, Montfort, Etampes, Corbeil, Gonesse. (*La Bruyère* est né aux environs de Dourdan. Corbeil a vu naître *d'Anse de Villoison*, savant helléniste. *Louis neuf* a reçu le jour à Poissy. Pontoise est la patrie du Père

Cossart; et Versailles, celle de l'abbé *de l'Epée* et du poète *Ducis*, qui à un beau talent joignit un beau caractère.)

------

76. *Département des deux Sèvres.*

Ce département tire son nom de deux rivières qui portent le même nom (*Sèvres*). On y remarque Niort (chef-lieu), Saint-Maixent, Parthenay, Thouars, Melle, Bressuire. (*Fontanes*, poète et littérateur très distingué, a reçu le jour à Niort. Madame *de Maintenon* est née dans une prison de cette ville.)

------

77. *Département de la Somme.*

Ce département tire son nom d'une grande rivière appelée la *Somme*. Ses villes les plus remarquables sont Amiens (chef-lieu), Abbeville, Péronne, Doulens, Mondidier, Saint-Valery, Chaulnes, Roye. (Amiens est la patrie de *Voiture*, de *Gresset*, de *Du Cange*, de *Wailly*, grammairien estimé, de *Legrand-d'Aussy*, et du célèbre astronome *Delambre*. *Samson*, habile géographe, et *Millevoye*, poète fort agréable, sont nés à Abbeville. Chaulnes a donné le jour à l'estimable *Lhomond*.)

78. *Département du Tarn.*

Ce département a reçu son nom de la rivière appelée *Tarn.* On y remarque les villes suivantes : Alby (chef-lieu), Castres, Lavaur, Gaillac, Sorèze. (Castres est la patrie de *Boyer,* auteur d'une grammaire anglaise ; de *Dacier,* écrivain non moins savant que laborieux ; et de l'abbé *Sabathier,* auteur des *Trois siècles de Littérature.*)

79. *Département de Tarn et Garonne.*

Ce département tire son nom de deux rivières qui l'arrosent : la Garonne et le Tarn. Ses villes les plus connues sont Montauban (chef-lieu), Moissac, Castel-Sarrazin. (Montauban a donné le jour aux poètes *Cahusac* et *Lefranc de Pompignan,* et à *Guibert,* auteur d'un *Essai de tactique.*)

80. *Département du Var.*

Ce département porte le nom de la rivière ou plutôt du torrent qui le borne à l'est. On y distingue Toulon (chef-lieu), Draguignan, Fréjus, Grasse, Vence, Hyères, l'Ile Sainte-Marguerite. (Hyères est la patrie de notre célèbre *Massillon*. A Barjemont est né le savant *Moréri*. Le poète élégiaque *Cornelius Gallus* a reçu le jour à Fréjus.)

---

81. *Département de Vaucluse.*

Une fontaine nommée *Vaucluse*, célèbre à jamais par les amours de *Laure* et de *Pétrarque*, a donné lieu à la dénomination que ce département a reçue. On y distingue Avignon (chef-lieu), Cavaillon, Carpentras, Vaison, Orange, Apt, Pernes. (Cette dernière ville peut se glorifier d'avoir donné le jour à l'éloquent *Fléchier.*)

---

82. *Département de la Vendée.*

Une petite rivière appelée *Vendée*, a fait ainsi nommer ce département, dont les communes principales sont Bourbon-Vendée (chef-lieu), Fontenay-le-Comte, Luçon, Montaigu, les Sables-d'Olonne. (Nicolas *Rapin* est né à Fontenay-le-Comte.)

---

83. *Département de la Vienne.*

La Vienne a donné son nom à ce département.

Ses villes les plus connues sont Poitiers (chef-lieu), Loudun, Chatelleraut, Civray, Montmorillon. (*La Quintinie*, savant agronome, a vu le jour à Poitiers.)

~~~~~~~~

84. *Département de la Vienne* (haute.)

Ce département porte le nom de *Haute-Vienne*, parce qu'il renferme les montagnes où sont les sources de cette rivière. Ses principales communes sont Limoges (chef-lieu), Dorat, Rochechouart, Bellac, Saint-Yriex. (Limoges est la patrie de Jean *Dorat*, de l'illustre Chancelier *d'Aguesseau*, et de M. *Silhouette*.) (1)

~~~~~~~~

85. *Département des Vosges.*

Ce département est ainsi appelé des montagnes dites les *Vosges*. Ses villes les plus remarquables sont Epinal (chef-lieu), Mirecourt, Saint-Diez, Neuf-Château, Remiremont, Plombières. (Neuf-Château, qui est la patrie du mathématicien *Rivard*, a vu naître un poète de nos jours, zélé protecteur des lettres et des sciences, M. le comte *François de Neuf-Château*.)

---

(1) Voyez la page 205.

86. *Département de l'Yonne.*

La rivière d'Yonne a fait ainsi appeler ce département. Ses principales villes sont Auxerre (chef-lieu), Sens, Joigny, Avalon, Tonnerre, Noyers. (Auxerre est la patrie de *Sainte-Palaye*, auteur de Mémoires intéressants sur l'ancienne Chevalerie, et du marquis Germain *Garnier*, traducteur des *Recherches sur la nature et les causes de la richesse des nations*, etc.)

PERSONNAGES ILLUSTRES. (1)

Tacite, célèbre historien latin, né à Terni (État ecclésiastique.)

Perse, satyrique latin, né à Volterra (Toscane.)

Cassini, grand astronome, né à Périnaldo (comté de Nice.)

Améric Vespuce, *Machiavel*, *Guichardin*, *Le Dante* et *Lulli*, nés à Florence (Toscane.)

Lancelot et *Barthole*, habiles jurisconsultes, nés à Pérugia (État ecclésiastique.)

---

(1) Voyez la note de la page 221.

Canova, célèbre sculpteur, né à Possagno (États de Venise.)

L'abbé de *Saint-Réal*, né à Chambéry (Savoie.)

Berthollet, grand chimiste, né dans un petit bourg de la Savoie.

La Grange, géomètre célèbre, né à Turin (Piémont.)

J. J. Rousseau, le docteur *Tronchin*, Charles *Bonnet*, *de Saussure*, *Sennebier*, *Mallet Dupan*, nés à Genève.

Klopstock, grand poète, né à Hambourg.

Ruyter, célèbre marin, né à Flessingue.

Daniel *Hensius*, né à Gand.

Teniers et *Rubens*, peintres immortels; *Edelinck*, célèbre graveur, nés à Anvers.

Grétry, compositeur célèbre, et *Gresnick*, habile musicién, nés à Liége.

Grotius, né à Delft.

Isaac *Vossius*, né à Leyde.

Boerhaave, né à Voorhout, près de Leyde.

Ruysch, célèbre anatomiste, né à La Haye.

Gravesande, philosophe célèbre, né à Bois-le-duc.

Vandick, grand peintre, né à Amsterdam.

Erasme, né à Roterdam.

} Hollande.

COLONIES FRANÇAISES.

Les Colonies qui appartiennent à la France, se divisent en colonies orientales et colonies occidentales. — Les colonies orientales sont :

Pondichéri
Karikal
Chandernagor
} *en Asie.*

Ile de France (1)
Ile Bourbon
Sénégal et dépendances depuis le Cap Blanc jusqu'à la rivière de la Gambie et de Sierra-Léone.
} *en Afrique.*

Les colonies occidentales sont :

La Martinique
La Guadeloupe
Sainte-Lucie (2)
Tabago (3)
La Guyane Française
} *en Amérique.*

---

(1) Présentement aux Anglais, sous le nom de *Maurice.*
(2) Présentement aux Anglais.
(3) Présentement aux Anglais.

ARITHMÉTIQUE.

L'ARITHMÉTIQUE est la science des nombres. L'idée de *nombre* se présente à l'esprit, dès qu'on remarque la co-existence de plusieurs individus d'une même espèce. Quand je vois un livre, je conçois l'idée de l'*unité*; quand je vois plusieurs livres, je conçois l'idée de *pluralité*. Si je compare ensuite la pluralité à l'unité, j'ai l'idée de nombre qui se forme de la réunion de plusieurs individus ou unités. Ainsi, en ajoutant l'unité à elle-même, j'obtiens le nombre *deux*; si j'ajoute une nouvelle unité aux deux unités précédentes, j'obtiens le nombre *trois*; j'accrois ainsi les nombres en ajoutant sans cesse.

Quand, par la réunion des unités, on eut appris à former les nombres, comme je l'ai démontré, on s'occupa du moyen de représenter ces mêmes nombres par des caractères; c'est pourquoi on inventa un système de numération consistant à exprimer tous les nombres imaginables par une quantité déterminée de caractères

ou signes qu'on appelle *chiffres ;* on en compte
dix :

un	deux	trois	quatre	cinq
1	2	3	4	5
six	sept	huit	neuf	
6	7	8	9	0

Les neuf premiers caractères représentent les
nombres depuis un jusqu'à neuf ; le dixième,
qu'on appelle *zéro ,* n'a aucune valeur par lui-
même : nous allons voir de quel usage il est. Le
caractère 1 représente une seule quantité ; le
caractère 2 représente le double de ce qui est
représenté par 1 ; le caractère 3 représente le
triple, etc. , jusqu'au chiffre 9 qui exprime une
quantité neuf fois plus grande que celle qui est
désignée par 1, ou, ce qui est la même chose,
une quantité composée de neuf unités.

Pour exprimer dix, onze, douze, treize,
quatorze, quinze, etc., il aurait fallu multiplier
les caractères ou chiffres ; cette multiplicité aurait nécessairement surchargé la mémoire : on
est donc convenu que le caractère 1 qui peint
l'unité, servirait à représenter une collection de
dix unités en les faisant suivre du caractère
nommé *zéro ;* il s'en suit que ces deux chiffres
accolés (10) représentent dix. Pour exprimer les
nombres onze , douze, treize, quatorze, quinze,
etc. ; on est convenu que les caractères 1 , 2 , 3 ,

4 , 5, *etc.* seraient substitués au zéro, et que l'on écrirait par conséquent :

onze	douze	treize	quatorze	quinze
11	12	13	14	15

seize	dix-sept	dix-huit	dix-neuf.
16	17	18	19

En joignant 1 à 0, j'ai représenté dix unités ou une dixaine; si je veux exprimer maintenant vingt unités ou deux dixaines, je mettrai le caractère 2 à la place du caractère 1 : ainsi, ces deux chiffres accolés (20) représenteront vingt. Pour exprimer vingt-deux, vingt-trois, vingt-quatre, vingt-cinq, *etc.*, je substituerai au zéro les caractères 1, 2, 3, 4, 5, *etc.*; en conséquence j'écrirai :

vingt-un	vingt-deux	vingt-trois
21	22	23
vingt-quatre	vingt-cinq	vingt-six
24	25	26
vingt-sept	vingt-huit	vingt-neuf.
27	28.	29.

En joignant 2 à 0, j'ai représenté vingt unités ou deux dixaines; si je veux maintenant obtenir trente unités ou trois dixaines, je mettrai le caractère 3 à la place du caractère 2; ainsi, ces deux chiffres (30) représenteront trente; — (40) représenteront quarante; — (50) représenteront cinquante ; —(60) représenteront soixante ; — (70) représenteront soixante-dix ou septante ; —(80) représenteront quatre-vingt ou octante ; — (90) représenteront quatre-vingt dix ou nonante.

D'une collection de dix dixaines, on compose une unité plus forte, qu'on appelle *centaine*, et qui est représentée par une unité suivie de deux zéros (100).

D'une collection de dix centaines, on compose une unité plus forte, qu'on appelle *mille*, et qui est représentée par une unité suivie de trois zéros (1,000).

Si je veux exprimer cent un, j'écrirai (101); — cent deux (102); — cent trois (103), *etc.* Si je veux exprimer mille deux (1,002); — mille trois (1,003); — mille cinquante (1,050); — mille cent (1,100); — mille six cents (1,600); — dix mille (10,000); — trente mille (30,000), — cent mille (100,000).

Pour énoncer facilement un nombre exprimé par autant de chiffres qu'on voudra, il faut partager le nombre proposé en tranches de trois chiffres chacune; on donne à chaque tranche, en partant du côté droit, les noms ci-après :

Unités.... mille.... millions.... billions.... trillions.... quadrillions.... *etc.*

Si, par exemple, j'ai à exprimer le nombre qui suit : 120,643 francs, je diviserai ces six chiffres en deux tranches égales, et partant du côté droit, je dirai : sur le 3 *unité*, sur le 4 *dixaine*, sur le 6 *centaine* (première tranche), sur le 0 *mille*, sur le 2 *dixaine de mille*, sur le 1 *centaine de mille* (deuxième tranche); ensuite réunissant tous ces termes, et donnant à chaque chiffre son nom et sa valeur, je prononcerai le nombre ci-dessus de la manière suivante :

Cent vingt mille six cents quarante-trois francs.

DIVERS NOMBRES

Sur lesquels les enfants auront à s'exercer.

453,998 f.	345,600,482 f.
374,520 f.	538,710,111 f.
2,456,785 f.	634,840,327 f.
6,400,309 f.	800,000,000 f.
9,684,870 f.	5,555,333,666 f.
5,010,462 f.	6,358,123,456 f.
82,879,548 f.	7,850,987,654 f.
64,532,690 f.	8,343,000,568 f.
49,500,637 f.	9,562,495,746 f.
506,809,379 f.	470,001,958 f.

DE L'ADDITION.

L'*Addition* est une opération par laquelle on réunit plusieurs nombres en un seul appelé *somme* ou *total*. Pour faire cette opération, on a soin d'écrire, les uns sous les autres, tous les nombres proposés, de manière que les chiffres des unités de chacune, soient dans une même colonne verticale, qu'il en soit de même des dixaines, de même des centaines, *etc.* puis on souligne le tout. Des exemples rendront plus sensible la manière de faire l'addition.

Exemples :

346,283 francs.	452,604 francs.
245,424	321,658
32,632	46,789
10,324	70,456
521	863
635,184 fr.	892,370 fr.

5,328,450 fr.	8,743,675 fr.
2,637,894	4,368,486
542,673	643,107
63,784	27,986
327	490

Exemples :

453,462 francs	24 centimes.
243,143	15
322,354	33
453,532	75
23,641	64
1,496,134 francs	11 c.

843,345 francs	18 c.
492,870	34
345,367	8
563,474	46
525	59

634,873 francs	27 c.
347,947	94
673,853	6
420,467	15
546	18

345,420 francs	33 c.
432,454	49
31,243	45
20,634	57
432	96

Exemples :

946,749	francs	95 centimes.
643,854		67
374,642		48
42,487		79
345		43

1,436,204	francs	56 c.
2,345,352		3
543,645		95
48,567		89
6,784		6
875		96

DE LA SOUSTRACTION.

La *Soustraction* est une opération par laquelle on retranche un nombre d'un autre. La quantité qui exprime de combien la plus grande surpasse la plus petite, se nomme *reste* ou *différence*. — Pour faire cette opération, on écrit les deux nombres proposés, l'un sous l'autre, comme si on voulait les additionner, puis on les souligne. Après avoir disposé les chiffres de manière que la colonne supérieure soit composée du nombre le plus fort, on commence par la colonne des unités, et l'on retranche alors de la plus grande quantité, la plus petite. On opère de la même manière sur la colonne des dixaines, des centaines, des mille, etc.

Exemples.

$$786,586 \text{ fr.}$$
$$412,342$$

$$374,244 \text{ fr.}$$

$$659,473 \text{ fr.}$$
$$234,122$$

$$6,875,679 \text{ fr.}$$
$$3,120,425$$

---

	fr.		c.
4,356,789		18	
1,102,543		4	

---

	fr.		c.
2,635,864		13	
1,312,443		2	

Exemples.

$$5,369,785 \text{ fr.} \quad 96 \text{ c.}$$
$$2,132,402 \quad\quad 43$$

$$2,496,743 \text{ fr.} \quad 64 \text{ c.}$$
$$1,240,210 \quad\quad 22$$

$$12,645,785 \text{ fr.} \quad 98 \text{ c.}$$
$$1,322,542 \quad\quad 73$$

~~~~~~~

DE LA MULTIPLICATION.

La *Multiplication* est une opération par laquelle on répète un nombre appelé *multiplicande* autant de fois qu'il y a d'unités dans un autre nombre qu'on appelle *multiplicateur*. Le résultat de cette opération se nomme *produit*. Si, par exemple, j'ai à multiplier 4 par 3, je répète le nombre 4 (qui est le multiplicande) autant de fois qu'il y a d'unités dans le nombre 3 (qui est le multiplicateur), et j'obtiens alors 12 pour produit.—Pour pouvoir multiplier faci-
~~~~~~~

lement, il faut connaître les produits deux à deux de tous les nombres d'un seul chiffre, c'est pourquoi nous les avons tous rassemblés dans la table ci-jointe que l'on attribue au philosophe *Pythagore.*

Exemple.	*Exemple.*
Multiplicande. 3,425 f.	Multiplicande. 42,043 f.
Multiplicateur. 43 f.	Multiplicateur. 54
10,275	168,172
137,00	2,102,15
147,275	2,270,322

Exemple.	*Exemple.*
Multiplicande. 7,306 f.	Multiplicande. 35,546 f.
Multiplicateur. 32	Multiplicateur. 44
14,612	142,184
219,18	1,421,84
233,792	1,564,024

Exemple.	*Exemple.*
Multiplicande. 9,435 f.	Multiplicande. 5,647 f.
Multiplicateur. 43	Multiplicateur. 35
28,305	28,235
377,40	169,41
405,705	197,645

Table de multiplication inventée par Pythagore.

1	2	3	4	5	6	7	8	9
2	4	6	8	10	12	14	16	18
3	6	9	12	15	18	21	24	27
4	8	12	16	20	24	28	32	36
5	10	15	20	25	30	35	40	45
6	12	18	24	30	36	42	48	54
7	14	21	28	35	42	49	56	63
8	16	24	32	40	48	56	64	72
9	18	27	36	45	54	63	72	81

Exemples.

43,467 fr.	25,375
85	14

Exemples.

75,678 fr.	36,745 fr.
67	34

73,849 fr.	74,628 fr.
56	59

84,506 fr.	68,566 fr.
78	48

DE LA DIVISION.

La *Division* est une opération par laquelle on cherche combien de fois un nombre que l'on nomme *dividende*, en contient un autre qu'on appelle *diviseur*. Le nombre qui indique combien de fois le diviseur est contenu dans le dividende, se nomme *quotient*.

Exemple.			*Exemple.*	
Dividende.	Diviseur.		Dividende.	Diviseur.
1,256	8		8,664	12
	Quotient.			Quotient.
8	157		84	722
45			26	
40			24	
56			24	
56			24	
00			00	

Exemples.

$$176{,}424 \mid 6$$

$$976{,}872 \mid 24$$

$$44{,}864 \mid 4$$

$$99{,}999 \mid 9$$

Exemples.

241,236	18		378,910	300

293,133	35		789,020	201

Exemples.

$$879{,}590 \;\big|\; 97$$

$$509{,}784 \;\big|\; 92$$

$$654{,}878 \;\big|\; 180$$

$$478{,}988 \;\big|\; 68$$

TABLE DES MATIÈRES.

PREMIÈRE PARTIE.

Principes de lecture française. . pag. 11
Religion. 15
Morale en discours 39
Morale en action. 57
Connaissances usuelles. 68
Botanique. 81
Mythologie. 89
Principes de lecture latine. . . . 96

SECONDE PARTIE.

Grammaire française. 123
Histoire. 161
———— ancienne. 162
———— moderne. 186
Géographie. 207
———— France. 219
Arithmétique. 260
Tableau des nouvelles mesures, etc. . 277

FIN.

Grammaire latine, théorique et pratique, *ou Méthode d'abréviation pour l'étude du latin*, suivie d'un petit Traité des élégances latines et d'une série de questions à faire aux Etudiants. Neuvième édition; *in*-12. (Les Compositions françaises que renferme le *Manuel latin* coïncident avec les règles de cette Grammaire; le premier de ces deux ouvrages appelle le second.)

Manuel des Enfants et des Adolescents; ouvrage contenant des principes de lecture, de religion, de morale, de botanique, de mythologie, de grammaire, d'histoire, de géographie, d'arithmétique; et destiné aux maisons d'éducation des deux sèxes. Sixième édition; 1 vol. *in*-12. (Ce Manuel, qui est en usage dans les écoles du premier et du second degré, peut être considéré comme une véritable encyclopédie de l'Enfance.)

Manuel latin, *ou Compositions françaises*, suivies de fables et d'histoires latines, pour aider, par l'application des règles, à la traduction des Auteurs latins, et pour disposer, par des versions faciles, à l'intelligence des Ecrivains du siècle d'Auguste; avec deux Dictionnaires, l'un français, l'autre latin. Quinzième édition; *in*-12. (Les Compositions françaises que renferme cet ouvrage si utile, et qui ont pour but et pour résultat de conduire les Elèves jusqu'en cinquième, coïncident en tout point avec les règles contenues et développées dans la Grammaire latine du même auteur.)

Enchiridii latini Argumenta cùm gallica, tùm latina, in latinum alia, alia in gallicum, ad usum

Professorum conversa; ou Corrigé du Manuel latin, avec le texte en regard, à l'usage de MM. les Professeurs et Chefs de Pensionnats. Un vol. *in-12* de 300 pages.

Appendix de Diis et Heroïbus poëticis, etc.; in-18. (Cette édition très soignée, est enrichie de nouvelles notes grammaticales, étymologiques et littéraires, qui jettent un grand jour sur les difficultés du texte. L'ouvrage est terminé par un vocabulaire de tous les mots pris dans leur véritable acception.)

De Viris illustribus urbis Romæ, etc.; in-18. (Cette édition, augmentée d'un vocabulaire où tous les mots sont pris dans leur véritable acception, est enrichie de notes historiques et grammaticales; d'un Commentaire latin, fort utile, sur les mœurs et les coutumes des Romains; et d'un Tableau des personnages célèbres qui existèrent en Grèce et en Italie depuis Romulus jusqu'à Constantin-le-Grand.)

G. Faërni Cremonensis fabulæ centum, ex antiquis auctoribus collectæ, notis gallicis illustratæ, in gratiam tironum qui Phædri fabulas interpretaturi sunt, accommodatæ, et PONTIFICI MAXIMO *dicatæ; cui operi accesserunt 1° Fabulæ quas in gallicum verterunt complures poetæ; 2° Historiæ sacræ Compendium gallicum latinè vertendum.* (Cette deuxième édition est précédée d'une Vie de Faërne, écrite en latin par l'Editeur.)

J. Phædri fabulæ, ad intelligentiam tironum, diffi-

*cultatibus gradatìm expositis , quàm accura-
tissimè cum notis gallicis accommodatæ ; cui
operi accesserunt et Fontanianæ fabulæ scholiis
admistæ , et Mythologia gallica latinè conver-
tenda. Quinta editio ; in-12.* (Cette édition,
accompagnée d'un vocabulaire de tous les
mots pris dans leur véritable acception , est
précédée d'une Vie de Phèdre , écrite en
latin par l'Editeur.)

Cours-pratique de la langue latine, *ou* Compositions françaises, à l'usage des Cours supérieurs
(5ᵉ, 4ᵉ, 3ᵉ et 2ᵉ Classes), 4 vol. *in-12.* — Le
tome premier, en faveur des Cinquièmes, renferme 200 devoirs dont les derniers offrent les
notices biographiques des grands Capitaines dont
Cornélius Népos a écrit les Vies. Il contient, en
outre, un Abrégé de l'Histoire Grèque , lequel,
avec ces notices biographiques , est très propre
à faciliter l'intelligence de Cornélius qu'on traduit en cinquième. — Le tome deuxième, en
faveur des Quatrièmes, renferme 200 devoirs
classiques, et, en outre, un Abrégé de l'Histoire
Romaine , bien propre à faciliter l'intelligence
des Auteurs latins.

Abrégé des Antiquités romaines, divisé ainsi qu'il
suit : Institutions politiques, — civiles, — mi-
litaires,—religieuses; *in-18.* (Cet ouvrage, qui est
très nécessaire pour l'intelligence des Écrivains
latins , a été réuni au Manuel des Étudiants.)

*C. Velleii Paterculi Historia romana ; recentis-
sima editio diligenter recognita, notisque gallicis*

locuplétata , cui accessit index geographicus ; in-24.

(Cette édition est précédée d'une Vie de Vel. Paterculus , écrite en français.)

Manuel des Étudiants, *ou* Code de préceptes pour écrire avec élégance et pureté en latin ; avec cette épigraphe : *Aliud est grammaticè , aliud latinè loqui.* Quintil. Deuxième édition ; *in-12.*

Apollineum Opus , ou Traité théorique et pratique de l'art de faire des vers latins. Cinquième édition ; *in-12.* (La Prosodie qui précède le Recueil des matières de vers latins, embrasse tout ce qu'on peut dire sur la versification ; et les matières poétiques, au nombre de 180 pièces, sont appropriées aux forces croissantes des élèves.)

Apollinei Operis carmina , redditi quibus priores numeri, etc. ; in-12. (Cet ouvrage, utile à MM. les Professeurs, est le Corrigé des matières de vers latins, contenues dans l'*Apollineum Opus.*) Troisième édition ; *in-12.*

P. Terentii Andria scholiis gallicis illustrata, et à genere quolibet obscenitatis expurgata , etc. ; in-12. (Cette jolie édition enrichie de notes françaises , est précédée d'une Vie de Térence , écrite en latin par l'Editeur.)

L'Andrienne française, comédie en cinq actes et en vers, par Baron, revue et corrigée par l'Editeur. 1 vol. *in-12.* (Cette pièce a été réunie à l'Andrienne latine pour offrir aux Étudiants des exemples d'imitations poétiques ; elle est imprimée avec beaucoup de soin.)

Les Hommes illustres de la ville de Rome ; ouvrage

traduit du latin, précédé d'un Coup-d'œil sur la ville de Rome, d'un Commentaire latin-français sur les mœurs et les coutumes des Romains, et suivi, 1°. d'un Tableau séculaire des personnages célèbres qui existèrent en Grèce et en Italie depuis la fondation de Rome jusqu'à la mort de César-Auguste ; 2°. d'un Tableau chronologique des empereurs romains et des savants illustres qui vécurent sous ces empereurs, depuis César - Auguste jusqu'à Constantin-le-Grand ; 3°. de Notes historiques, chronologiques et littéraires. Deuxième édition ; français-latin en regard. 1 vol. *in*-12.

Les Fables de Faërne, poète de Crémone, traduites du latin, accompagnées de notes littéraires, précédées d'une Vie de Faërne, écrite en français, et suivies de fables françaises imitées de ce poète. 1 vol. *in*-12 ; français-latin en regard.

Les Fables de Phèdre, en quatre livres, traduites du latin conformément à l'édition qu'en a donnée l'auteur avec des scholies nouvelles, précédées d'une Vie de Phèdre et du tableau des temps désastreux où vécut ce poète, affranchi de César-Auguste. 1 vol. *in*-12 ; français-latin en regard.

Dictionnaire universel français-latin, par MM. Lallemant, augmenté de quatorze mille articles par l'Editeur ; dix-huitième édition, *in*-8°.

Dictionnaire universel latin-français, par Boudot, augmenté au moins d'un tiers par l'Editeur ; vingt-troisième édition, *in*-8°.

Gradus ad Parnassum, ou *Dictionnaire Poétique latin-français*, composé sur le plan du grand

Dictionnaire poétique du P. Vanière, où se trouvent une foule d'exemples, de citations et de périphrases empruntés des meilleurs poètes latins, anciens et modernes ; un traité de versification latine ; des matières de compositions poétiques, pour les Commençants ; et de nombreux articles de mythologie, d'histoire et de géographie, écrits en français. Dix-huitième édition, *in-8°.* très bien imprimée.

Grammaire raisonnée, *ou* Cours théorique et analytique de la langue française, où sont renfermés non seulement les principes avoués depuis long-temps par les plus savants grammairiens, mais encore des règles, les unes peu connues, les autres tout-à-fait neuves ; ouvrage destiné aux Ecoles publiques, et utile à tous ceux que leurs talents appellent soit à professer, soit à parler en public. Deux forts vol. *in-12*, de près de 600 pages, chacun. Deuxième édition, ornée du portrait de l'Auteur.

Cacologie, *ou* Recueil de locutions vicieuses empruntées de nos meilleurs Ecrivains, et mises sous les yeux des jeunes-gens, afin qu'en les corrigeant eux-mêmes à l'aide de la *Grammaire Raisonnée* du même Auteur, ils apprennent à parler et à écrire purement. Sixième édition ; *in-12.* (On ne craint pas d'assurer que tous ceux qui se sont appliqués de bonne foi à reconnaître les fautes grammaticales qui déparent les phrases de ce Recueil, sont parvenus à respecter les lois du langage dans leurs discours et dans leurs écrits.)

Orthologie, *ou* Corrigé de la Cacologie, à l'usage

de MM. les Professeurs, Avocats, Gens de lettres, etc. Sixième édition ; *in*-12. (Cet ouvrage
est indispensable pour aider à reconnaître
toutes les fautes de la *Cacologie*.)

Sous presse.

Petit Vocabulaire portatif de la langue française, etc., destiné aux Ecoles du premier
et du second degré, aux gens du monde, et
aux étrangers. 1 vol. *in*-16, avec cette épigraphe :

La science des mots est indispensable à l'art de penser.

(Ce Vocabulaire contient 1° tous les mots
qui se trouvent dans les bons Dictionnaires,
avec la prononciation, lorsqu'elle offre des
difficultés ; 2° les noms des contrées, des provinces et des villes les plus connues.)

Le Mémorial latin *ou* Série de questions suivies
des réponses à chacune d'elles, pour inculquer
facilement aux Elèves les principes et les pre-
mières règles de la langue latine ; ouvrage
très utile aux Professeurs, aux Pères de famille et aux Etudiants ; avec cette épigraphe :

La Mémoire est l'étui de la science. MONTAIGNE.

Abrégé de Lallemant, *ou* Dictionnaire français-
latin, à l'usage des classes inférieures; avec cette
épigraphe :

On marche au Latium; qu'on redouble d'efforts.

1 vol. *in*-12.

Atlas et Tables élémentaires de Géographie ancienne et moderne, destinés à l'éducation de la jeunesse, et indispensables pour tous ceux qui s'occupent de Géographie, ou qui l'enseignent. Ouvrage enrichi de *trente-deux cartes enluminées*, dont vingt-une propres à la partie géographique moderne de ces Atlas, et servant à la comparaison des anciennes divisions avec les nouvelles de la France en Départemens, Préfectures et Sous-Préfectures : trois, pour l'intelligence de l'Écriture Sainte, dont une représentant le Temple de Jérusalem ; quatre, pour le monde connu des Anciens et la division de l'empire romain ; et quatre enfin, pour l'intelligence des OEuvres d'Horace et de Virgile. Le tout, cartes et texte, revu d'après les actes du congrès de Vienne, et les traités de Paris, de 1814 et 1815, et autres, et suivi d'un Vocabulaire Géographique, donnant l'explication de tous les termes nécessaires à l'étude de cette Science ; et d'une Table des Matières, *Paris, in-8°*.

Histoire (Instruction sur l') de France, par demandes et par réponses, depuis l'établissement de la monarchie française jusqu'à ce jour, suivie d'un Abrégé de la Géographie, avec la nouvelle division de la France, par Préfectures, Sous-Préfectures, Archevêchés, Évêchés, etc. ; d'un Abrégé de l'Histoire Ancienne, d'un Abrégé d'Histoire Romaine, des Métamorphoses d'Ovide, de l'Histoire poétique, et d'un Recueil de proverbes, sentences, bons mots et pensées choisies, précédée d'une Chronique de nos Rois, en vers, *à l'usage de la Jeunesse*, par le Ragois ; nouvelle édition, revue avec soin, augmentée d'un précis des mœurs, lois et usages des Français sous les trois races, et ornée des portraits de nos Rois, par M. Masselin. *Paris*, 1822 ; gros vol. *in-12*.

PARIS. — IMPRIMERIE DE FA
PLACE DE L'